钱塘记忆

杭州市非物质文化遗产撷英

（技艺卷）

杭州市非物质文化遗产保护中心 编撰

郝志毅 主编

浙江工商大学出版社 | 杭州
ZHEJIANG GONGSHANG UNIVERSITY PRESS

图书在版编目（CIP）数据

钱塘记忆：杭州市非物质文化遗产薪传撷英．技艺卷／杭州市非物质文化遗产保护中心编撰；郝志毅主编．—杭州：浙江工商大学出版社，2019.1

ISBN 978-7-5178-3119-8

Ⅰ．①钱… Ⅱ．①杭… ②郝… Ⅲ．①非物质文化遗产—介绍—杭州Ⅳ．① G127.551

中国版本图书馆 CIP 数据核字 (2019) 第 007606 号

钱塘记忆
杭州市非物质文化遗产撷英（技艺卷）
QIANTANG JIYI
HANGZHOUSHI FEIWUZHIWENHUA YICHAN XIEYING（JIYIJUAN）

杭州市非物质文化遗产保护中心 编撰

郝志毅 主编

责任编辑	王黎明
装帧设计	林朦朦
责任印制	包建辉
出版发行	浙江工商大学出版社
	（杭州市教工路 198 号　邮政编码 310012）
	（E-mail：zjgsupress@163.com）
	电话：0571-88904980，88831806（传真）
印　刷	杭州高腾印务有限公司
开　本	710mm×1000mm　1/16
印　张	13.25
字　数	224 千
版 印 次	2019 年 1 月第 1 版　2019 年 1 月第 1 次印刷
书　号	ISBN 978-7-5178-3119-8
定　价	49.00 元

本书编纂委员会

主　　编：郝志毅

副 主 编：张　莉　张利平

编　　委：（按姓氏笔画排列）

　　　　　朱红芳　陈睿睿　唐全明

　　　　　常怡君　潘昌初

执行编辑：潘昌初

序　言

　　杭州是华夏文明的发祥地之一，勤劳的杭州先民们创造了异彩纷呈的工艺文化。早在 4000 多年前中华文明曙光之初的良渚文化时期，非物质文化遗产就与原始先民的生活密不可分。良渚玉琮上类似饕餮纹的兽面图案，熔磨、钻、雕、刻于一炉的骨笄、佩物，捏塑的动物造型陶器，以及与原始乐舞有关的骨哨等均反映了当时民间艺术的水平。

　　在历史的长河中，杭州的非物质文化遗产随着时代的变迁，不断显示出鲜明的时代和地域的艺术特征。作为"丝绸之府"，杭州历来是中国丝绸的设计、生产和商贸中心。作为中国最著名的茶叶产区之一，西湖龙井茶位居中国十大名茶之首。作为南宋官窑瓷的生产、集散中心，官窑位居宋代"官、哥、汝、定、钧"五大名窑之首。作为我国研究金石篆刻领域历史最悠久、影响最深远的学术社团，西泠印社被誉为"天下第一名社"。同时，杭州拥有一大批百年老字号品牌（企业），如都锦生织锦、西湖绸伞及王星记扇子、张小泉剪刀等，为国家培育了众多的工艺美术大师。

　　传统技艺的创作是人与自然的和谐统一，创作手工艺品的过程，就是人与自然交流、涵咏自然、品味人生的过程。传统工艺是非物质文化遗产的重要组成形态。非物质文化遗产是指各种以非物质形态存在的与群众生活密切相关、世代相承的传统文化表现形式，是城市个性、当地群众审美习惯的"活"的显现。

　　数千年的文明延续和东南名郡的繁荣富足为杭州积淀了丰厚的非物质文化遗存，星罗棋布的"老字号""老手艺""老故事""老习俗""老戏文""老市井"更造就了杭州有别于其他历史文化名城的个性。非物质文化遗产体现出的哲学精神和道的力量，与传统文化、国人的审美和生活，有着不解之缘。在朝着"世界名城"目标大步迈进的征程中，非物质文化遗产所呈现的历史与现实交汇的独特韵味，无疑是展现杭州特色文化的一大优势资源。

　　进入 21 世纪，随着社会的进步和现代文明的迅速发展，人们的生活方式和审美观念发生急剧的变化，非物质文化遗产的表现形式和文化空间均受到极大冲击。如何使非物质文化遗产得以传承、利用、发扬光大,成为我国文化建设的重要课题。

十多年来,杭州市的非遗保护工作硕果累累,成绩斐然,令人欣慰。从田野调查到现在的《钱塘记忆——杭州市非物质文化遗产薪传撷英(技艺卷)》的出版,牵动着多少人的情思,凝聚着多少人的心血!这是杭州市文化建设和历史传承的一环,希望我们的工作能为文明的传承,继往开来,增光添彩,庶不辜负时代赋予我们的使命。

是为序!

高而颐

2018年11月28日

CONTENT

目 录

余杭清水丝绵制作技艺:延续千年的温暖记忆

余杭素有"丝绸之府"的美誉,当地人养蚕缫丝的历史可以追溯至周朝。在缫丝过程中,那些不能被抽丝的双宫茧则被制成丝绵,用来填充衣被取暖。因制作丝绵的大部分工序都在清水中完成,故又名清水丝绵。

余杭的清水丝绵,早在南宋时就是贡品,到了清代,名声更盛,曾在中国历史上首次以官方名义主办的国际性博览会——南洋劝业会上获得过大奖。

说起来,这清水丝绵原本只是缫丝过程中的副产品。蚕儿在结茧的过程中,往往会产生一些这样或那样的次品茧,比方说,两条蚕挤在一起做成了一个茧,就成了双宫茧,里面的茧丝条萦混乱,无法从中缫出丝来。于是人们在缫丝过程中就把这种次品茧淘汰下来。除了双宫茧之外,还会有一些穿孔茧、乌头茧、搭壳茧,都不能缫丝,全都归入了次品茧的行列。对于这些次品茧,蚕农们觉得丢掉可惜,可不丢也没啥用。

有一年冬天,天气特别冷,有个蚕妇因家里穷,没有过冬的棉衣,她看到墙角还堆了一堆缫丝剩下来的双宫茧,心想,茧子缫成丝可以做衣服,如今这双宫茧虽然不能缫丝,但它的丝条仍在,把那些丝条扯起来说不定也能起到保暖的作用。于是,她便

成品丝绵

把那些缫丝时剩下来的茧子放在锅里煮,煮透后挖出蚕蛹,然后把茧子一个个扯开来,那些茧子的丝条很韧,越扯越像棉花。蚕妇将茧子全都扯成了一片一片的丝片,然后又将这些丝片当作棉花翻在了衣服里,做成了棉衣。想不到这些茧子扯成的丝片,虽然很薄,但竟比棉花还保暖。她开心极了,逢人就说自己的这一"创举"。消息传开后,大家都十分惊奇,养蚕人家谁家没有一些缫丝剩下来的次品茧呀,于时左邻右舍一时间竞相仿制。人们给它取名"丝绵"。

制丝绵的技艺传开后,大家便在丝绵的质量上开始下功夫了。过去缫丝对水质极其讲究,称之为"水重则丝韧",制丝绵也同样需要好水,人们便四处寻访好水。

有一天,余杭镇上有个苏姓商人路过南苕溪上的通济桥。发现那大桥下面有块巨大的青石板,上游的水冲到这青石板上便急疾飞泄。他当即想起了一句话,叫"石上泉水清"。想到这里,这个姓苏的商人不由眼前一亮,心想:在此开家丝绵作坊,就近取水,多好呀。于时,他便在桥边开起了一个丝绵作坊,专做清水丝绵。苏家制作的丝绵,借着好水的光,果然不同凡响,做出的丝绵厚薄均匀、手感柔滑、弹性好、拉力强。一时间,各路客商纷纷争购,还被推荐参加了南洋劝业会,并一举成名。1929 年,首届西湖博览会在杭州举行,苏氏后人苏晋卿制作的优质清水丝绵又被评为特等奖。

余杭清水丝绵的制作技艺,主要有选茧、煮茧、冲洗、做小兜、做大兜、晒干、整理等工序,其制作工艺完全是古法。千百年来,余杭清水丝绵因其独特的品质成了一块响当当的招牌,其制作技艺在余杭民间一代一代得到了传承。

在余杭,传承清水丝绵制作技艺的人有不少,其中最杰出的代表人物就是俞彩根了。

俞彩根,女,1949 年 6 月出生,杭州市余杭区塘栖镇丁山河村八组村民,是当地制作清水丝绵的一把好手,她自办清水丝绵的加工作坊,全年手工制作清水丝绵,2009 年被认定为浙江省第二批非物质文化遗产代表性项目传承人,2018 年 5 月又被认定为第五批国家级非物质文化遗产代表性项目传承人。

今年 69 岁的俞彩根,是土生土长的丁山河人,她的母亲俞阿南和姑妈俞琴玉都是村内远近闻名的做丝绵高手,每逢农闲时都在家里做丝绵,赚点辛苦钱贴补家用。俞彩根从小就在母亲做丝绵的环境中长大,看着看着,她开始跟随母亲学做丝绵。也许是耳濡目染的缘故,俞彩根学习做丝绵的进度很快,到了13岁那年,她就掌握了清水丝绵制作的全套技艺,小小的她,"帮"出来的绵兜已不比大人做出来的差。小学毕业后,俞彩根便在家务农,每逢母亲和姑妈做丝绵时,她就跟在一边帮着做。到了17岁那年,她进了丁河前进综合厂做纺线工,空闲时,还是与母亲和姑妈一起做丝绵。俞彩根出嫁后,她又跟着婆婆王杏南一起做丝绵,在母亲、姑妈、婆婆一个个老师的指点下,她的技艺越学越精,练就了一手做丝绵的绝艺,成了当地清水丝绵制作的行家里手。

1992年,俞彩根所在的企业关门了,从企业回来的她重新干起了农活。为了生存,她想寻求一条致富之路。她发现当时在塘栖一带已经很少有人自己做丝绵了,需要时就去市场购买,而市场上一是不一定有货,二是质量都不是太好,不一定完全是桑蚕丝。此时她眼睛一亮,开始心动了,自己从小就会做丝绵,有一手做丝绵的本领,为何不搞个加工厂自己生产丝绵呢?一来可以解决自己的生存问题,二来说不定还是条致富之路呢。

就这样,说干就干,俞彩根就在自己家里办起了丝绵作坊,自己动手生产清水丝绵。没多久,她制作的清水丝绵的名声传了开来。一时间光她一人做是供不应求了,于时她又叫了三五个姐妹动手一起做丝绵。作坊的规模很小,可她们生产的丝绵得到了大批消费者的青睐,外地的消费者也纷纷赶来。于是,作坊规模越来越大,20多年办下来,最多时有十余个员工,年加工茧子的量达到了80吨左右。

俞彩根不光自己做丝绵,还将女儿和儿媳都培养了出来。如今她的女儿和儿媳都会做丝绵,这一技艺已后继有人。

制作清水丝绵,需要细心和耐心。天长日久,前人留下来的技艺已形成了一整套的工序。在整套工序中,其制作技艺主要讲究"清""纯""匀"三字,即水要清,水清则绵白;绵要纯,杂质要去净;兜要匀,厚薄要均匀。为了做到这"清""纯""匀",细心和耐心必不可少。学会制作清水丝绵,其实并不难,有几天时间就够了,但若要真正做出好丝绵来,却是很难很难,故有着"学会容易学精难"之说。

俞彩根的清水丝绵制作技艺是母亲和婆婆手把手教出来的,当然还有很多技巧是她在不断的操作实践中悟出来的,几十年的制作实践,使她熟能生巧,巧能生华……

制作清水丝绵的环节不多,但这些环节可以说环环相扣,每一环节的好坏都会直接影响丝绵的质量。

先来说说煮茧,煮茧时用粗布小口袋装茧,每只口袋约装一斤半到两斤左右的茧子,放入大铁锅中煮。明代时的《天工开物》中记载须用"稻灰水煮过"，如今这项工序有了变化。俞彩根在煮茧时，根据茧子的多少加入一定量的老碱，还要放入几汤匙香油，这样做出的丝绵滑柔。煮一个多小时，茧子中的丝胶基本溶解了，茧层也开始发松了，然后就可以熄火起锅，起锅后的茧子还是装在袋子里，连袋子拿去河边冲洗。

冲洗时茧子还是在袋子里，需要连袋一起冲洗。这冲洗可是个力气活，旧时一般都是由家中的壮年汉子干的。由于煮茧时放入了老碱，故在冲洗时要将茧子中的碱水洗净、蛹油挤出，如有残余会直接影响到丝绵的质量，这使冲洗的过程显得很麻烦。那些壮年汉子把装着茧子的布袋拿到河埠头，把茧袋放在河埠头的石阶上，用脚踏，用手搓，边踏边冲洗，反复进行，一直要到把茧子中的碱水和蛹油统统挤出洗净才算冲洗完成。此时，再打开布袋，将袋子里的茧子倒出，放在大的盆里，再加入清水漂洗，茧子漂过后便可动手扯棉兜了。这一过程讲究的是一个"清"字，即水要清，水清则绵白。

冲洗完的茧子，考究的人家还要在清水中浸上一夜，这才开始做小兜。这做小兜和做大兜一样，是个技术活，丝绵的纯净和均匀程度大都取决于做小兜和做大兜水平的高低。做小兜时，将冲洗干净的茧子倒入木盆中，在盆上置一块木板，横放，再在盆中加入清水，几个妇女围在盆边，开始动手剥茧。正如《天工开物》中所描绘的一样，操作者须将自家大拇指的指甲剪短洗净，大家一人一只木盆，纷纷坐在各自的木盆旁边，分头将

扯绵

剥茧做小兜

茧子一颗颗从水中捞出来，捞出一颗用手剥开一颗，茧子剥开后先得去掉里面的蚕蛹，然后把剥开后的茧子用双手用力将它扯大，扯大后再把它像戴手套一样套在自己的手上。这第一步扯大的过程是横扯的，戴到手上去的过程其实也是扯，不过是竖扯。这样既横扯又竖扯，均匀地把那些茧子扯大。一般手上套上四颗茧子后，就得除下来，除下来的就是半成品。此时的半成品就称作"小兜"。

小兜在塘栖一带的蚕妇口中俗称"透儿"，这俞彩根做的小兜与其他人做的小兜相比，看上去要小，要难看。但偏偏这样的小兜做出来的大兜既大又挺括。据俞彩根介绍，这与她学的手法有关系。她从母亲那里学习制作技巧时，做小兜时寻觅茧子的最薄处开挖，将茧子扯开、翻转，再套在手上。扯时不要扯得很大，以套进手掌为宜，所以，她做成的小兜要比别人的小一点。但这小了一点的小兜做成大兜后却一点也不比别人的小，用俞彩根的话说，小兜的大小主要和手法有关系，对大兜没有影响。

小兜做好了，要做大兜。做大兜是周边技术最好的人来做的，在俞彩根的作坊，大兜都由她亲自出马。做大兜一般都用小的水缸，在缸上安上一个用竹片制成的竹弓，一个半圆形的框子，俗称"绵括"，下面挂一坠子，让绵括浮于水中，然后拿起刚做好的小兜，双手用力横扯，带水将它一个

用绵括做大兜

个绷到绵括上去，然后再竖扯，让它绷满绵括。小兜绷上绵括后，便依次扯开扯匀，扯薄边沿，敲掉生块，拣净附在上面的垃圾。一般连续绷上三到四个小兜，操作者凭经验视水中丝绵的厚薄如何确定是否可以取下来，取下来的绵兜就成为一个厚薄均匀、毫无杂质的大兜。这做小兜、做大兜的过程，讲究的就是一个"纯"和"匀"，要将丝绵中的杂质全部挑掉，将丝绵扯得厚薄均匀，这是保证丝绵质量的最重要的环节。整个清水丝绵的制作技艺，也在这两个环节中最充分地体现了出来。做大兜就是《天工开物》中说的"上弓"，这一环节是清水丝绵制作技术中的核心环节，正如《天工开物》中所说的一样："上弓之时惟取快捷，带水扩开。若稍缓水流去，则结块不尽解，而色不纯白矣。"俞彩根在带水上弓时，眼快手快，扯得厚薄均匀，观她的制作过程，称得上是种艺术享受。

　　大兜做好后，接下来便可脱下竹框，用双手将水绞干，放在一边，五根一堆堆放整齐。然后再把绵括拿起来放在凳子上，将绞干后的大兜甩松，用嘴咬住一头，双手扯开两边，使其成型，再拿来挥挺，分左右两堆斗角堆放。最后再用针线将这些绵兜的斗角处串起来，一串串地挂在竹竿上晾晒，这晒干基本是最后一道程序了，一般要连续晒上几天，等到晒干后便成"丝绵"的成品了，可以自用或者出售。

晒干

俞彩根的一双巧手，使她制作的清水丝绵在杭嘉湖地区享有较高的知名度，而正是这清水丝绵的制作，成了她目前主要的经济来源。她的丝绵作坊，每年要加工茧子约80吨，成本投入约120万元，她除了销售成品清水丝绵外，还代客加工，目前除了在江浙沪销售外，还远销湖北、河南等地。而且不用出门去，都靠着回头客的推荐，客人上门订购。一年的收入，除了支付工人的工资外，还有近8万元的利润。

随着俞彩根年复一年的努力，在江南水乡塘栖，这项被联合国教科文组织列为"人类非遗"的项目正在得到很好的传承。这真是：清水丝绵美名扬，传统技艺谱新章。

（作者：丰国需）

杭罗情丝

"艮山门外丝蓝儿,雪白的丝绸出钱塘。姑娘儿,十指纤纤织绸忙。织出锦,广袖长裙做衣裳。织出罗,压在箱底做嫁妆。咿呀,咿呀,嫁个青梅竹

杭罗作品

马好儿郎。"这是舞蹈杭罗情丝中的词。节目获得 2015 年浙江省群众舞蹈比赛银奖,并参与浙江省非遗春晚演出。

初识杭罗还是在四十多年前。家母出身大家,对于穿着款式不甚讲究,但对面料却非常在意,要么棉、毛,要么真丝,尤其嫌恶涤纶产品。真丝面料中最常见的是纺和绸,少时看到一款面料,中间有细细的一排小孔,还曾奇怪地跟母亲说"这块布是破的",惹得母亲一阵发笑。

初识"杭罗织造技艺"却是在十二年前。我刚从事非遗保护工作接手的就是国家级非遗项目"杭罗织造技艺"。这是江干区当时唯一的国家级项目,心里非常欣喜也很忐忑不安。到了企业赫然发现,杭罗就是我小时候看到的那个"破布"。从此与杭罗结下不解之缘。

杭罗是"罗"的一种。罗是丝绸这个大家族中十分重要的一支。罗最早指捕鸟的网,后来也把轻软有稀孔的丝织品叫作罗。与其他的丝织物相比,罗甚为轻薄透孔,是一种比较透气的织物。文人对其轻盈飘逸多有描写,大加赞美。北朝人为突出其朦胧、缥缈之美,会用"冰""雾"来形容罗,或直接名之以"蝉翼"。根据史书记载,罗的使用相当广泛,人们用罗来制作罗衫、罗裙、罗袍、罗比甲等。多孔透气的罗,是春夏主要的服饰用料之一。我们在古籍中常常见到"罗帐""罗裙",指的就是用罗做成的物品。

罗的历史非常悠久。大概在新石器时代晚期,我们先民就能织造平纹和绞经组织的纱、绢、罗一类织物了。而在商周时期的出土文物中,罗就更为多见。战国至秦汉时期,罗的织造技艺有了较大发展,当时已经有了素罗和纹罗之分。素罗是指没有花纹的罗,纹罗则在罗地上再起花,使之更加美观。到了魏晋南北朝时期,罗的织造和使用更加普及。庾倍《谢赵王赉白罗袍绔启》中就有写道:"悬机巧综,变蹑奇文,凤不去而恒飞,花虽寒而不落"。这不仅是一件罗袍,更是一件精美的工艺品。至宋代,罗的织造技艺达到高峰。《宋会要辑稿》中记载,北宋每年的岁收总数中,就有罗 160672 匹,南宋时则为 21169 匹。这还仅仅是历史上罗产量的一部分而已。诗人杨万里有诗:"零落回文织锦梭,绮窗残烛暗银河。阴迷小院秋云重,响碎空阶夜雨多。芳梦已离雕玉被,余香犹在织金罗。白头吟罢增惆怅,几度相思鬓欲皤。"罗的使用已更为常见。

到了明代,各地设立了官营织染机构。杭州织染局"内有房屋百二十余间,分为织、罗二作"。罗已经成为主要生产品种。到清代,杭罗真正成为丝绸家族中重要的成员。历史上,杭罗的产地主要在杭州,尤其以艮山门外一带最为集中,清代厉鹗《东城杂记》云:"杭东城,机杼之声比户相闻。"可见在清雍正年间,便已形成这样一种格局。杭州民谣《十城门谣》

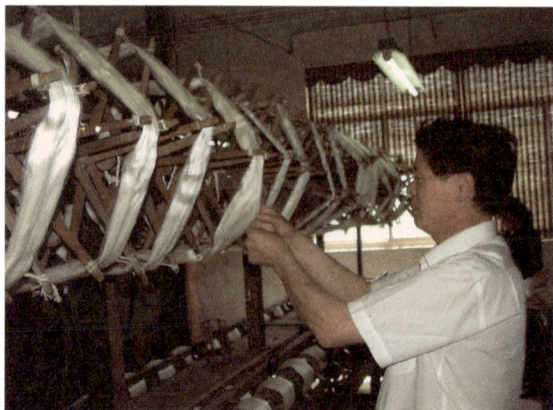

翻丝

通经

打蜡

有"坝子门外丝篮儿"之说,坝子门即今天的艮山门。民间把杭罗、苏缎和云锦同列为中国东南地区的三大丝绸名产,称其为丝绸"江南三宝"。杭罗的地位,由此可见一斑。

杭罗不仅历史悠久,其生产工艺也非常复杂。在鼎盛时期杭州织户家家能织罗,而到了今天仅有杭州福兴丝绸厂一家,仍在坚持生产杭罗。

杭州福兴丝绸厂生产的杭罗 H1226 属于横罗系列。它的工艺可分为原料蚕丝加工、经纬线准备、上机织造、精炼加工四大步骤,每一步骤又有多道工序。具体来说,一根纤细的丝线要大致经历蚕丝的筛选分类、浸泡、晾干、翻丝、通经、穿综、穿扣、打蜡、摇纡、织造、精炼、染色等多道工序,才能织成飘逸如烟气轻动般的杭罗。在每一道工艺流程中,都包含着大量的传统手工生产技艺,这些技艺都是代代相

摇纤

传。成品的杭罗具有等距规律的直条形和横条形纱孔，纱孔形成的图案既好看又透气，质地刚柔滑爽，穿着舒适凉快。这种纱孔是用线在纱槽上打好样，再装上去绞出来的，这核心技术就掌握在张造师傅手里。张造师傅是行话，杭罗上织机就是靠经验丰富的师傅张罗起来的，门幅多少，头份经线要放多少，丝的粗细配合，纬线和钢扣的搭配，纱罗的孔眼等，所有的工序、工艺都要排好。而其中水织秘方则为杭罗织造技艺代表性传承人邵官兴邵家的祖传。杭罗水织法，大致可分为对原料蚕丝的浸水加温处理、摇纤时的浸水处理及上机时的含水织造等几个方面。除了整个过程需要含水外，杭州福兴丝绸厂用于浸泡蚕丝的水中均加入了祖传秘方，有了这种秘方，织出来的杭罗面料的舒适度和手感恰到好处。

正是这种看似神秘、实则是代代经验的积累使得杭罗的传统工艺更为难做，也传承得更为辛苦。走进杭州福兴丝绸厂杭罗生产车间，入耳的是有节奏的轰鸣声，即使面对面站着仍需扯大嗓门方能听清。因为需要保持水分，又不能开空调，车间不仅嘈杂，而且又湿又闷，特别是炎热的夏天更是让人难以忍受。初来乍到的人待一会儿就会头痛难耐，而上机师傅却怡然自得地一梭一梭地织着，旁观者心里不禁默默地点个大赞。这份功力是多年坚持的结果，杭罗织造技艺的代表性传承人是杭州福兴丝绸厂法人代表邵官兴。17岁的邵官兴在自家的杭罗作坊里开始跟随父亲邵景全学习织造杭罗，父亲先让他从摇纤开始学起。摇了三年纤后，父亲觉得他已经能够静下心了，这才开始让他学习后续的其他工艺，最后完整熟练地掌握了整个杭罗织造技艺。自此，杭罗织造就成为他的生存来源，也是他的家传事业。1984年，邵官兴成立杭州福兴丝绸厂，坚持杭罗织造，一直生存和发展到现在，使杭罗织造技艺这一宝贵的传统工艺传承了下来。他最常说的一句话是："传承杭州织造技艺是我的家传事业，也是我的责任。"2018年，邵官兴被认定为国家级代表性传承人。

一匹小小的罗承载了千年的历史变迁，民俗风情和坚守的情怀。"梭子两头尖，歇落无饭钱，织的绫罗缎，穿的破烂衣"，这支历史上流传在机工中的民间歌谣勾勒出了机坊织工生活的艰辛。为了织造顺遂、生意兴隆，衍生出了机神信仰。机工们在机神身上寄托了各种有关丝绸织造的美好愿望。他们根据想象，特意把机神塑造成了三只眼睛的神，以保佑大家眼明、心灵、手巧。杭州最早的机神庙在艮山门东园巷，后来又在涌金门织造局门上和艮山门外闸弄口建了两座，俗称"上机神庙"和"下机神庙"，而今天只在闸弄口留

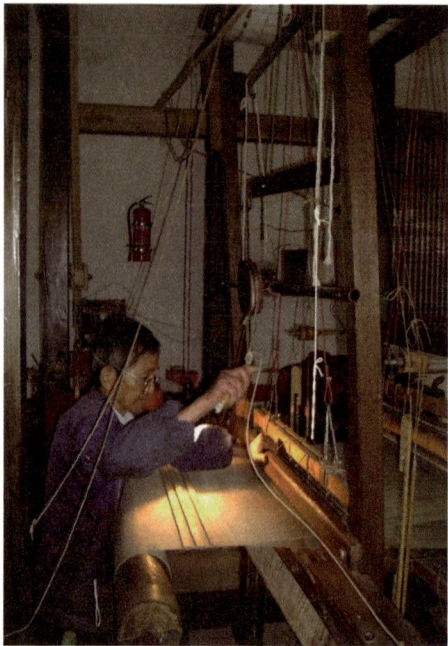

上机织造

下了"机神村"这样一个地名，无声地诉说着这里曾经的香火鼎盛。杭罗作为丝绸中的精品不仅用于制作各类服饰，元代还是官员服饰的常用面料，宋代还被用来制作灯彩，成为灯中精品。而对普通百姓来说，杭罗是美好生活的象征。家中有女儿的，早早备好一匹杭罗，待结婚时作为嫁妆抬入婆家，双方都觉得面上有光。这些让人心动不已的传说、故事通过江干区非遗中心的创编，成了舞蹈《杭罗灯彩》和《杭罗情丝》。当咿呀的机杼声在舞台上想起，传承千年的技艺和记忆便缓缓随时间流淌下去。

2009 年，"杭罗织造技艺"作为中国桑蚕丝织造技艺中的子项目，正式被列入人类非物质文化遗产代表作名录，保护单位就是"杭州福兴丝绸厂"。2017 年"杭罗织造技艺"列入了首批国家传统工艺振兴目录。古老的传统技艺又一次焕发了新的生命。经过国家各级部门和保护单位的积极保护，"杭罗织造技艺"得到了完整的保护，并不断推陈出新。目前杭州福兴丝绸厂生产的杭罗销往全国，并转销到世界各地，邵官兴作为文化大师多次在全国和国际上参与文化交流，杭罗织造技艺和杭罗文化走进了新的兴盛时期。

（作者：姚倩）

印坛重镇话篆刻

杭州西湖,由西泠桥望孤山而入,绿树掩映中有一处园林别有洞天,粉墙黛瓦,亭榭楼阁,小桥流水,鸟语花香,碑刻楹联星罗棋布。这便是闻名中外的"天下第一名社"——西泠印社,中国创立最早的专事篆刻艺术的全国性社团。

一百多年前,一群以治印赏石为艺术雅趣的金石篆刻家时常漫步西泠桥畔,相聚孤山"数峰阁""人倚楼",品茗赏印,评论印艺,研讨印学,以抒积愫。因印缘而结友谊,志同道合,萌意立社。王福庵、叶为铭、丁辅

西泠印社

西泠印社话篆刻

之等皆为其中最积极、最活跃者。时在沪上创业多年的浙江同乡艺友吴石潜闻讯鼎力相助，数次莅临，与在杭诸君共同出谋划策，指点江山。

甲辰仲夏（1904年），诸君子再次相聚"人倚楼"，抚摸着掌中宝物，远望秀丽的湖光山色，抑制不住的激情终于触景迸发。仿解社之先例，慕莲社之清纯，相议在孤山谋一片净土，力挽清末印坛之沉寂、印艺之衰败局面，遂举旗立社。人以印集，社以地名，其额冠名"西泠印社"，奉行宗旨"保存金石，研究印学"。

从此，孤山从静寂中醒来，奏响了金石相进的开篇乐章。兴土木，建亭阁，凿岭开道，植竹布梅，修祠敬贤，春秋相聚。越十年风雨而规模初具，盛邀四方名流聚孤山同庆，公推名震江浙艺术大师吴昌硕担纲社长之职，撑帅旗领路，聚同道之力。又十年之功，筑成西泠胜景，名扬寰宇。

西泠印社的问世，在金石篆刻艺术领域树起了第一面旗帜，热衷问艺的印坛名流、社会名流纷纷加盟其中，共同致力于传承和弘扬中国篆刻艺术。从1913年公推吴昌硕为首任社长起，继有马衡、张宗祥、沙孟海、赵朴初、启功、饶宗颐等艺术大家担纲社长，拥有一大批艺术成就很高、社会影响广泛的篆刻大家。

西泠印社虽名以"西泠"，却不以地域自闭。创始者们高屋建瓴，立社伊始，就把深邃的目光投向了篆刻艺术世界。"龙泓首出，宗风远挹。"这种艺术精神的主动释放,取得了各地艺术同行的互动效应,使得整个印坛乃至国际印人的视线同时也投向了杭州孤山这片热土。"汇流穷源,无门户之派见;鉴今索古,开后启之先声。"艺不轻门派,人不分南北。在治印"必宗秦汉"、篆刻尊崇浙派艺术的同时,吸收和接纳各地(各家印学、各种篆刻流派)艺术的创作风格,兼收并蓄,互为扶掖。正是拥有海纳百川的宽阔胸襟,使得各路印坛精英携手聚集在西泠印社这面大旗之下,名家荟萃、辉煌相映,确立和巩固了西泠印社在国际印坛的至高地位。

中国篆刻,历史久远。印章最初的功能是征信,即信用的凭证。主要分两大类:一类起征信作用,如个人名章、收藏章,鉴赏印,斋、室、馆、堂印,帝后玉玺、符节,文武百官的印信图章,州县衙门的关防印记等;一类是具有欣赏作用,如吉语印、肖形印、图形印、警句格言印、词句印等闲章。从广义上说,这两类印章都有一定的研究价值、欣赏价值和收藏价值。

金石篆刻艺术源于古印,宋代是金石篆刻作为艺术欣赏形式的萌生阶段。唐宋时期的印章,不仅篆法衰微,而且数量锐减,有"滥于六朝,沦于唐宋"之说。但印章的使用由书画钤印而进入文人圈子,使人们对印章有了新的认识空间和发挥空间,书画的收藏和鉴赏导向使印章逐渐由实用向欣赏转化。书画钤印和印谱制作,催生了金石篆刻艺术。

由古代的印章发展为金石篆刻艺术,以元代大德年间为历史转折时期,吾丘衍和赵孟頫是这一时期篆刻艺术理论的奠基人。

明代金石篆刻艺术,已在文人中推广普及发展,并有所创新,逐渐形成不同流派。首先创立"三桥派"的是苏州的文徵明之子文彭,文彭的印风,在当时和明末效法者很多,师法文彭最具声誉的有归世昌、李流芳、陈万言、顾苓、顾听等人,后人将他们合称"三桥派",习称"吴门派",影响及皖、浙地区。与文彭并立的是大篆刻家何震,何震是安徽徽州人,与文彭为师友之交。何震的作品非常强调书法意趣,篆法简洁,铁笔驰骋,明末清初文学家、篆刻家周亮工誉其为海内第一。何震立足汉印,不断拓展,由姓名印发展为词句印,驱古为今,在文人创作中前所未有,很快称雄于印坛。

清代金石篆刻艺术在沉寂中复苏,并在清中期走向全盛,出现流派纷呈、硕果累累的局面。

近代篆刻创作,在篆刻艺术高度成熟的基础上,进入新的艺术创新时期,繁花似锦。

清光绪年间,社会动荡,社会风气低下,篆刻艺术良莠混杂。一些作品萎靡不振,毫无生气,虚饰、纤巧相习成风,一离初期诸家法度。曾经在印坛风靡一时的浙派、皖派，面目全非，衰败不堪。为继承篆刻艺术之精华，中国第一个篆刻艺术组织——西泠印社横空出世。西泠印社的建立，使篆刻创作队伍从个体走向群体，活跃了创作空气；明确了自己的纲领、宗旨、历史使命；在篆刻史的整理和研究上有了基本方向；在篆刻艺术上视浙派为正宗，"治印必宗秦汉"，包容兼蓄其他流派。西泠印社开结社之先声，打破了印坛沉寂、停滞的局面，接着印人结社之风大开，东池印社、乐石社、中国印学社、龙渊印社、宣和印社、濠上印学社、冰社、圆台印社、三余印学社、天南金石社、巴社等相继在各地成立，共同把篆刻艺术推向一个新的历史时期。

"晚清六家"、西泠印社的问世，不仅秉承了"西泠八家"的创作风貌，更标志着金石篆刻艺术新时代的开始。

近代中期，诗书画印四绝大师吴昌硕在印坛的地位和声望日隆，受其影响，上海、浙江、江苏、江西等地的篆刻艺术人才不断涌现，徐新周、赵古泥、陈师曾、李苦李、陈半丁、钱瘦铁、沙孟海、王个簃、邓散木等，桃李天下，驰骋印坛。著名篆刻家赵叔孺在近代中期印坛也很有声望。这一时期篆刻流派还有宋珏的"闽派"（又称"莆田派"）、邓云霄的"岭南派"、上海的"云间派"等，各有继承，印人蔚起，群星灿烂，硕果累累。

徐三庚、赵之谦、吴昌硕等对日本近代篆刻艺术也深有影响，河井仙郎正是从他们的篆刻艺术中吸取精华，潜心钻研，成为日本自"印圣"高芙蓉之后的第二座高峰。他先后多次出游中国，到西泠印社拜访创始人，交流篆艺，评论印学。日本篆刻家同中国篆刻家之间的学术交流，从这时开始。并在与西泠印社首任社长吴昌硕亦师亦友的交往中，加入西泠印社，成为两国篆刻艺术交流的使者，奠定了他在西泠印社对外交流史上的重要地位。

近代中期印坛创作的另一个特点是高层知识分子加入篆刻队伍，易大厂、寿石工、杨仲子、马一浮、闻一多、李叔同、经亨颐、童大年、谈月色、宁斧成、张大千等，在这方面各有成就。他们多才多艺，学深通艺，把各种哲学、佛学、文学艺术的道理灌注到篆刻中来，且尝试以钟鼎文、甲骨文入印，丰富篆刻的创作形式，既追求传统的审美情趣，又力倡篆法的变革理

吴昌硕12方田黄自用印

念,使篆刻艺术别开生面。从而不断开拓印章的内涵,达到篆刻艺术形式美和意境美的统一,不仅启迪"印外求印"的广阔前景,而且也丰富了篆刻艺术的理论宝库。

近代印学理论研究,已经趋向学科化。在此之前,虽然大多印论散见于印款、印跋、印谱序、印话等,但言简意赅,深中肯綮,这是系统归纳提炼印学理论的基石。近代中期,篆刻名家开门纳徒和各地艺术学校的建立,更有利于理论框架的形成和传播。如赵叔孺专事书画篆刻艺术后,收徒授课,仅《门第名录》就见 60 人。这种名家授徒和进校学习的教育方式,不仅培养出有成就的篆刻家,也为后来系统的总结印学理论培养了人才。随着《治印杂

吴昌硕 12 方田黄
自用印

说》《篆法须知》《篆学琐著》《印学今义》《篆刻针度》《篆刻入门》《印学概论》《古印概论》等一批印论专著的出版问世,篆刻艺术成为一门学科雏形初见。沙孟海 1930 年发表的《印学概论》,从划分篆刻的创制时期、游艺时期,科学地界定了篆刻的历史阶段,并以鲜明的观点评析不同时期的篆刻流派,初步理顺了历史条理。黄宾虹同年发表的《古印概论》,从"文字蜕变之大因""名称施用之实证""形质制作之大异""谱录传世之提要""考证经史之阙误""篆刻名家之法古"六个部分,比较系统地列叙古印的渊源与篆刻艺术的关系。邓散木在上海讲授篆刻,初以"课徒稿"称,后几经修改补充,定名《篆刻学》,从"述篆""述印""别派""款识""篆法""章法""刀法""杂识"等方面,完整具体地讲述学习篆刻的知识。孔云白的《篆刻入门》,分"识印""别篆""篆印""用刀"击边、具款"名家法刻""古人印论""用具、印质、印纽"等,是初学者入门的阶梯。这些著作,被后人视为篆刻理论趋向学科化的代表作。印学论著的出版,促进了篆刻艺术的交流,扩大了篆刻艺术的欣赏群体,推动着印学研究的不断深入。

近代后期,由于受国内社会动荡局势的影响,除西泠印社还有零星活动外,其他社团组织难以生存,就篆刻艺术整体发展而言,篆刻创作陷入低迷状态。

现当代篆刻艺术的蓬勃兴盛,以西泠印社为突出代表。西泠印社现有社员 500 多人,分布在全国各地;另有 40 多位名誉社员分布在日本、韩国、新加坡、马来西亚、法国、瑞典等国家。

篆刻工作照

在西泠印社的带动和影响下,全国篆刻创作呈现勃勃生机。这一时期,全国各地的篆刻社团如雨后春笋,覆盖面大,据不完全统计,到2017年增达300多个。全国性的篆刻展览,此起彼伏,从未间断,篆刻创作队伍人员数量和篆刻艺术的普及范围可谓空前。

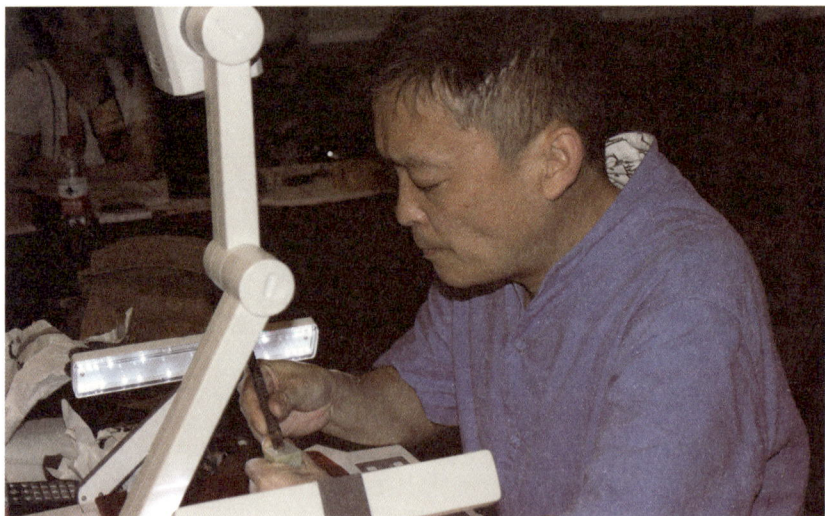

西泠印社专家沈正宏课堂示范篆刻

篆刻艺术创作和展览，是推动篆刻艺术发展的重要手段。西泠印社1987年举办首次全国篆刻作品评展、1989年举办全国印社篆刻联展、1998年举办首届国际篆刻书法作品大展、2001年举办首届国际青少年篆刻书画大奖赛、2005年举办"中国印"大展、2007年举办首届"百年西泠·中国印"大型海选、2017年举办"百年西泠·金石弘源"大型国际篆刻选拔赛等高端专业大型展赛，现已举办数十届不同类型的展赛，并增设篆书创作、边款创作、印钮薄意创作、论印诗文创作等四个单项，不断提升篆刻艺术内涵。还先后多次以不同形式在美国、日本、法国、匈牙利等国家及中国香港、澳门、台湾等地区巡回展览。经过30年的总结和提高，西泠印社大型篆刻评展已形成了具有广泛影响力、号召力和权威性的专业赛事"品牌"，发掘和培养了一批艺术新人，为当代篆刻创作的繁荣发展发挥了相当大的推动作用。

"名城、名士、名社"，西泠印社是镶嵌在西湖上的一颗耀眼宝石，更是杭州这座历史文化名城的一张闪亮的"金名片"。历史给西泠印社以厚爱，西泠印社还历史以精彩。"天下第一印社"是无数双大手共同托起的一座艺术殿堂。篆刻艺术正在走出"象牙塔"，走向大众，更进一步贴近百姓生活，日渐成为一道靓丽的文化风景线。篆刻艺术正在走出国门，走上世界，成为国际交往的一座艺术桥梁，越来越引人重视。这是西泠印社的自豪，也是东方艺术的自豪。相信通过坚持不懈地继承传统，不断创新，篆刻艺术的明天必将更加灿烂辉煌。

（作者：王佩智）

张小泉剪刀锻制技艺

——唯有情感剪不断

　　杭州拱宸桥边手工艺活态馆里，叮叮当当的捶打声，瞬间的火光四溅，总能吸引人气，抓紧人心。这里是张小泉剪刀纯手工锻制展示基地，几个电炉灶、大铁砧、铁锤、锉桌和无数半成品、成品剪，熟悉的铁匠铺场景呈现于眼前，诉说着它的历史和辉煌。3位传承人陈标、丁纪灿、陈伟明都已50多岁，每天在这里按照传统工序手工制剪。他们的师傅施金水、张

手工艺活态馆张小泉剪刀锻制技艺展示

忠尧已经 80 多高龄,每周还总会坐公交车过来转转,"老祖宗留下来的手艺,要一代代传下去才好。"

张小泉剪刀镶钢锻制,良钢精作,最多可一次剪下 128 层棉布,锋利异常,但老师傅们对张小泉的这份感情无论如何都剪不断!

剪刀的历史在中国至少已有 2000 多年。明神宗万历八年(1580),徽州黟县人张思佳,与所有想要学个手艺谋生的人一样,去芜湖学得一手精制剪刀的技艺,回到原籍开了一剪刀店铺,号"张大隆"。后为谋求新的发展,举家迁至杭州,在繁华的大井巷搭棚设灶,与儿子张小泉继续经营剪刀店铺,招牌仍号"张大隆"。因张家父子选料精良,制作考究,所制剪刀以锋利、精巧著称,生意兴隆,声名远播。明崇祯元年(1628),张小泉接管店务,将"张大隆"改成"张小泉",用自己的名字做招牌,以防别人冒牌,张小泉品牌自此开始。张思佳不曾想到,他带到杭州的剪刀铺子能够生根发芽,父子相承,张家世代传承十余代,张小泉更不会想到,自己名字做的招牌能屹立不倒,甚至成为剪刀的代名词。

390 年间,张小泉剪刀历经 13 代传承,恪守"良钢精作"祖训,经过一代又一代精益求精的不懈追求,创造了各种辉煌,典籍史志、街巷传闻中,张小泉长期被奉为佳话,还留有许许多多传说。清代是剪刀业的鼎盛时期,"北有王麻子,南有张小泉",清乾隆帝钦定张小泉剪刀为宫廷用剪。清范祖述著《杭俗遗风》,将张小泉剪列为驰名类产品,提到"五杭"之谓:"五杭者,杭扇、杭线、杭粉、杭烟、杭剪也……剪刀店则惟张小泉一家而已。"20 世纪初,张小泉剪刀就走出国门,相继在巴拿马博览会、费城世博会等获得大奖。中华人民共和国成立后,毛泽东在加快手工业的社会主义改造工作汇报会中提到:"王麻子、张小泉的刀剪一万年也不要搞掉。"1958 年,张小泉剪刀大关路新厂建成,集中了杭州制剪业的全部能工巧匠,当时企业的员工达 816 名。张小泉迅速恢复了在刀剪行业的领军地位,产品连续五次在国家刀剪质量评比中稳居第一。2006 年,"张小泉剪刀锻制技艺"列入首批国家级非物质文化遗产代表性项目名录。

传承和创新贯穿于张小泉剪刀发展历史之中,也是其保持旺盛生命力的法宝。当年,张小泉凭着自己对剪刀的深刻认知和丰富的锻制经验,勇于创新,敢于突破,为了增强剪刀的锋利度,延长剪刀的使用寿命,首创镶钢锻制技艺,他在刃口镶钢,使其锋利耐用,剪体仍用全铁,易于弯曲造型,使钢的坚硬与铁的相对柔软有机结合,真正达到了刚柔相济的绝妙效果,终被奉为三十六行之一制剪业的祖师。早期,张小泉制剪,都是子承父业,父师子徒,历代店主均亲自参加制剪,练就一身制剪硬功。随着市场需求大增,扩大生产招收工人,但对技艺标准和质量的把控依然非常严格。因镶钢锻制剪刀全为手工,钳手的技术水平是决定产品质量的关键,"张小泉"对收徒及学徒升为钳手的要求很高,既要有悟性,又要勤奋好学,能吃得起苦。钳手要经过长期的磨炼,掌握经验,方可悟出制剪真谛,能成为理想钳手的,为数不多。

什么样的剪刀才是好剪刀? 在铁打的剪刀刃口覆上一层钢,剪体造型柔美,又确保刃口锋利,销钉牢固、开合和顺,使用起来轻松顺手。镶钢锻制的剪刀要求其平整度、光洁度、轻松度、锋利度、均匀度五大要素均达到理想状态。张小泉剪刀曾遭同行冒牌,几乎遍市,出现了"青山映碧湖,小泉满街巷"的状况,影响了声誉,知县亲题"永禁冒用"四字立石刻碑,立于店门,其实由此也可见张小泉剪刀的品质和翘楚地位。著名剧作家田汉先生在参观张小泉剪刀厂后,曾留下赞美诗:"快似风走润如油,钢铁分明品种稠。裁剪江山成锦绣,杭州何止如并州。"

镶钢锻制的剪刀以传统民用剪刀为主,品种主要有兴花、山郎、五虎、

张小泉剪刀锻制技艺国家级传承人施金水

长头、圆头、平布等多种。镶钢锻制剪刀须经过72道工序,每道工序都有行话俚语,其中几道关键环节工序,决定着剪刀的品质。

第6道工序镶钢最为核心,是张小泉剪刀的一大特色,在坯料冷却的状态下,选用浙江龙泉、云和的钢料镶嵌于铁料中,必须严格控制钢料顶端与槽口的距离,不能露出过长或缩进太多,否则会影响剪刀的使用功能。将镶钢后的坯料经火炉加热,剪坯要均匀受热,使钢接近熔解状态,

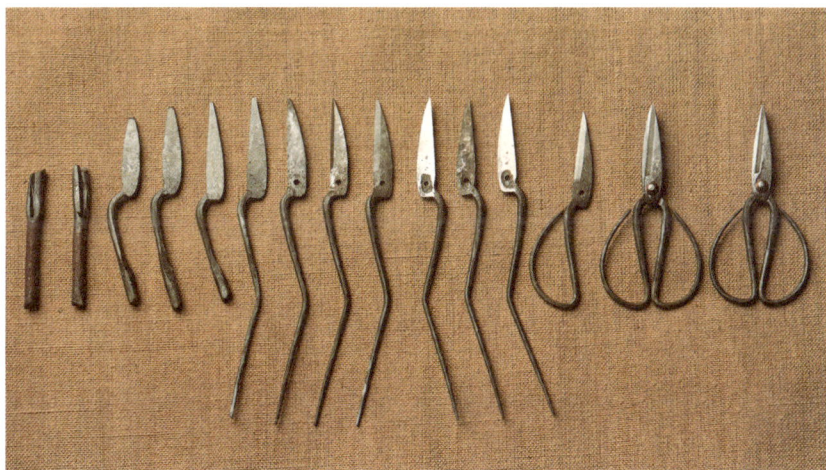

工序演进图

师带徒

出炉后轻甩轻叩去除渣滓，然后将竖着的钢轻锤调正刃钢位置，再快速锤击，使钢、铁完全紧密黏合。这道工序至关重要，一把剪刀的好坏在此定型，钢太宽的话，剪刀头尖部全是钢，叫纯钢头；太狭的话，剪头尖部没有钢，叫缩钢头；此外还容易出现如煤灰等被裹进刃口，叫夹灰；刃口尾部没有钢叫脱根钢；刃口头部、尾部有钢，但中间没有钢叫骑马口铁。必须尽量避免这些瑕疵。一小块钢要恰到好处地覆在刃口，却要钢铁分明，什么时候下锤是关键，早下一秒，钢要碎，晚下一秒，钢铁又无法融合，这是考验悟性的技艺。察言观色，眼疾手快，全在老师傅多年的经验积累和感觉体悟中。

第30道工序淬火是将剪刀头加热后置入水中冷却，使刃口钢有一定的硬度。必须严格掌握好加热温度和冷却速度，在没有测温工具的条件下，全靠看铁块的颜色知铁块的温度。将剪坯头部放入火炉加热，使剪坯头呈亮杨梅红色，立即置于水中冷却。淬火时厚的剪背先入水，避免因冷却不均引起剪刀变形，甚至产生裂纹、脱钢等缺陷。水温要控制在50℃至60℃之间，当水温过高时就要换一盆凉水。

第46道工序直缝是用手锤敲出剪刀里面的扭曲角度，俗称缝道，以保证两爿剪刀组合在一起时，剪刃只有两点接触，其他部分都分开。这是剪刀轻松和顺的重要工序之一。要根据剪刀头爿厚薄、阔狭、硬软等不同性质，在墩头上敲击，使剪刀刃口线达到平直起缝的要求，两爿剪刀合在一起，中间有一条仅能通过鹅毛的空隙。

张小泉剪刀历数百年而不衰，是一代代传人千锤百炼铸就的。施金水、张忠尧是张小泉剪刀锻制技艺的国家级代表性传承人。俗话说"世上有三苦，打铁撑船磨豆腐"，锻制不但是个体力活，更要靠技巧，绝不是件容易的事，从十四五岁开始做学徒，从"三肩"做到第五档"钳修"才算出师；经过出头、理头、敲缝道及剪刀外观式样为主的钳手选拔考试后，成为正式钳手，才能把所有工序做下来，打成一把完整的剪刀。一辈子与剪刀打交道，与"张小泉"的那份情早已深入骨髓。如今的张小泉剪刀通过几次大型技术改造和技术革新，已有90%以上的工序实现机械化、自动化。张小泉剪刀品种多，规格全，有30多个类别，700余种规格，但传统纯手工锻制一直保留和传承着。每一代传承人都努力维护张小泉美名，在保持优良品质的同时不断改革创新，如厂歌所唱的那样，张小泉——我们共同的荣光，剪刀儿女的勤劳使小泉美名远扬！

剪刀是与老百姓生活最密切的生活工具，张小泉剪刀已无人不知，无人不晓，说到剪刀就想到张小泉，说到张小泉就知道是剪刀。每次非遗展览集市，张小泉剪刀展位前总是人头攒动，很多上了年纪的老人总会把家里用了几十年的老剪刀带来，"请师傅磨一磨，这个剪刀用习惯了，好用着呢"。现在杭州拱墅区大关路张小泉剪刀厂旧址有锻剪雕塑、剪纸作品在记录历史印记；桥西历史街区的中国刀剪剑博物馆有关于张小泉剪刀的大篇幅介绍和展陈；手工艺活态馆有活态演示和体验，张小泉剪刀融合了技艺、文化和感情于其中，在拱墅区工业遗存和文化记忆中，如精神符号无处不在，融入国人的血脉之中。任时光荏苒，唯有情感剪不断！

（作者：文闻）

非遗传承人和他手工锻制的剪刀

竹纸制作技艺：千年一叹富阳纸

竹纸是富阳手工纸的代表，在富阳有悠久历史。《浙江之纸业》记载，"说纸，必说富阳纸"。富阳素有"土纸之乡"的美誉，民间更有"京都状元富阳纸，十件元书考进士"一说。

富阳竹纸源远流长，与独特的自然条件是分不开的。富阳位于浙江省西部，地理坐标为东经 119° 25′—120° 19′ 30、北纬 29° 44′ 45 ″—30° 11′ 58.5 ″，总面积约 1831 平方公里，整体地貌"两山夹一江"。天目山余脉蜿蜒西北，仙霞岭余脉绵亘西南，境内多低山高丘，山地面积约占总面积的 81.4%，素有"八山半水分半田"之称。亚热带季风气候，四季分明，降水充沛，年平均降水量 1400—1500 毫米。低山高丘盛产毛竹，全区毛竹林面积达 51 万余亩，毛竹林资源面积排浙江省第三名。富春江横贯富阳境内 52 公里，水面面积 7.2 万亩。境内有渌渚江、壶源江、上里溪、龙门溪、青云浦、新桥江、大源溪、小源溪、渔山溪、常绿溪等十大溪流。天下

削青

佳山水，古今推富春，这多山多水多竹的富春大地为竹纸生产提供了天然的温床。

据《富阳县志》记载，富阳竹纸始于魏晋南北朝，唐代生产的上细黄白状纸为纸中精品，到宋代，富阳竹纸已名扬天下，用嫩毛竹浆制成的元书纸，因"制作精良，品质精粹，光滑不蠹，洁白莹润"而被誉为纸中上品。

拷白

浸坯

洗料

磨料

北宋诗人、文学家谢景初以富阳生产的赤亭纸为原料精制而成"谢公笺"，光滑坚韧，莹润如玉，纸纹细密，曾一度名噪全国，与唐代的"薛涛笺"齐名。2008年在富阳银湖街道（当时称高桥镇）泗洲村发现的宋代造纸作坊遗址就是最好的佐证。遗址中发现的竹子、石灰等标本证明这里曾经是竹纸的产地。从目前出土的遗迹可以看到沤料漂洗、浆灰蒸煮、舂料制浆、抄纸

抄纸

晒纸

烘纸等，这些工序与明代宋应星的《天工开物》文献记载相互印证。目前所出土的遗迹主要是南宋时期的，但遗址中发现的"大中祥符二年（1009）九月二日记"和"丙申七月……至道二年（996）……"等铭文砖或许可将遗址的时代上推至北宋早期。

到了明代，富阳竹纸产量、质量、品质都有很大的发展，"（明）洪武

成品

十年（1377），抄造纸 17280 张”。清康熙至道光年间，富阳竹纸进入鼎盛发展时期，产量大，从业人员多，富阳因此成为浙江竹纸生产第一大县。清光绪《富阳县志》记载："邑人率造纸为业，老幼勤作，昼夜不休。""竹纸出南乡，以毛竹、石竹二者为之。有元书六千五百塘，纸昌山、高白、时元、中元、海放、段放、京放、京边、长边、鹿鸣、粗高、花笺、裱心等，为邑中出产第一大宗。""光绪三十二年（1906），富阳竹纸每年约可博六七十万金。"

民国时期，富阳竹纸生产在行业内颇有盛名，"昌山纸""京放纸""元书纸"在国内外各种展览中多次获得大奖。据《富阳县志》记载，民国十九年（1930），富阳县槽户 10069 户，纸槽 18864 具，纸产量占浙江省总产量的 41%，名列省内各县之首。

中华人民共和国成立后，富阳竹纸业也开始创新发展。在生产设备上进行了改良，引进新技术，打浆机、铁熰弄、电舂碓、蒸汽锅、压榨机等开始出现并大量运用，降低了生产成本，大大提高了劳动效率。20 世纪 50、60 年代，富阳县有 24 个公社生产竹纸，10 余万劳动力从事竹纸生产。自 20 世纪 70 年代起，随着各类机制纸的普及，手工竹纸市场逐渐丧失，富阳的纸槽数量锐减。

随着改革开放书画市场的发展，竹纸产业也得到一定的恢复和发展，本色元书纸和漂白元书纸开始畅销书画纸市场。早期书画纸是以漂白熟料竹浆为主料，桑皮为辅料，后来改成竹浆和龙须草浆混合料。20 世纪 80 年代初，富阳涌现了华宝斋富翰文化有限公司等文化企业和竹纸生产企业，开始从事古籍印刷纸的生产，为手工纸在书画界及古籍印刷用纸方面拓宽了市场，延长了竹纸的生产链。

竹纸制作技艺是指从一株毛竹制作成一张纸的整个工艺。富阳竹纸以竹类植物纤维为原料抄制而成，从选料到成纸要经过大小七十二道工序，故有"措手七十二，造纸非容易"的谚语。其工艺主要分为制浆和造纸两大部分。制浆，也就是通常所说的削竹办料，主要包括斫竹、断青、削竹、拷白、浸料、断料、浆料、煮料、出镬、翻摊、缚料、挑料、淋尿、堆篷、落塘、榨水、舂料、捡料、掰料等。竹浆制成后，再经过浆料入槽、木耙搅拌、捞去粗筋、入帘抄纸、压榨去水、焙弄烘纸、数纸捡纸、整理成件、磨去纸边、盖章定级等主要工序，制作成纸等工序。从斫竹到成纸，全过程大约需要两个月。

富阳竹纸的生产无论是原料处理，还是工具设备的使用，在继承传统造纸技艺的基础上，都形成了一整套独具富阳特色的制作技艺。如制浆工艺中的"人尿发酵法"，将成捆竹料放入人尿桶内用纯净人尿淋浸，利用尿液中的微生物对原料纤维进行发酵软化。又如抄制技艺中的"荡帘打浪法"，抄纸工两手持纸帘入槽，荡起浆液入帘内，纸帘随手腕动作而前后左右自如晃动，帘上浆液平衡荡漾，使其厚薄均匀，然后纸帘慢慢向前倾斜，使多余的水浆由前沿晃出，此时帘上沉淀一层薄薄的膜，这就是纸页。民间有俗语："上力匀、张片均，帘在水中起，眼睛四角瞧，浪峰平、出水尽"。这些都是富阳竹纸生产中的绝艺，是其他竹纸产区所没有的。

伴随着富阳竹纸的发展，在纸产区还衍生出诸如纸工习俗、信仰、禁忌、歌谣、谚语等民风民俗，如民间的祭祀蔡伦、开山砍竹时的祭拜山神土地等，最有名的是反映爱情故事的长篇叙事民歌《朱三与刘二姐》就是纸农在槽厂劳动时所传唱的，这也反映了富阳造纸的厚重历史文化。

目前，富阳竹纸生产集中在富春江南岸的山区，主要分布在大源、湖源、灵桥、常安、上官、新桐、渔山等地。纸槽数基本维持在350具左右，关键岗位（抄纸、晒纸）从业人员约1200人，年产值1.3亿元。产品主要用于书画用纸、古籍印刷、佛教用纸、包装用纸等。

近年来，富阳区坚持"保护为主，抢救第一，合理利用，传承发展"的工作方针，加大了对富阳竹纸的保护与传承力度。2006年竹纸制作技艺因其重要的科学价值、历史价值、人文价值被列为首批国家级非物质文化遗产代表性名录项目。2010年，在竹乡风貌较完整、纸槽数量较集中的村落中设立7个传统造纸文化村，实施整体性保护。2014年举办纸文化艺术展。2015年成立富阳竹纸文化与传承发展促进会，举办中国竹纸文化与发展研讨会。2016年,成功创建"中国竹纸之乡"。2017年与中国科学技术大学联合举办富阳竹纸专题研修班。2018年举办纸文化艺术展、纸文化研讨会、削竹抄纸技能竞赛,竹纸制作技艺被列入第一批国家传统工艺振兴目录。除此之外,还评选代表性传承人,目前已当选有国家级代表性传承人2名,省级1名,市级3名,区级4名;编撰出版《竹纸制作技艺》《富阳竹纸:竹纸天工解读 竹纸文化探究》《富阳传统手工造纸》《富阳纸业》《2015守望竹纸——中国竹纸保护与发展研讨会论文集》等书籍、资料;规划并打造集旅游、体验、观光于一体的竹纸文化体验游,竹纸企业每年接待大量的参观考察人员,尤其是寒暑假期间,更是成为各大高校的社会实践基地;组织参加全国文房四宝博览会、浙江省非遗博览会、义乌文交会等各类展示展销会,将富阳竹纸推出国门,走进大都市。

在坚持传统工艺的基础上,竹纸企业也在求新求变,自我突破,积极探索新的发展方式。以华宝斋富翰文化有限公司、大竹元竹纸有限公司、双溪书画纸厂、宣纸陆厂、富春江宣纸有限公司、逸古斋元书纸有限公司、福阁纸张有限公司、蔡氏文化创意有限公司、竹馨斋元书纸有限公司、越竹斋元书纸有限公司等手工造纸企业逐渐壮大。一方面为迎合书画家的需求,企业加快对防伪纸、个性化纸的私人订制;另一方面,为适应市场变化,又加快对中高端纸品的研发,拓宽用纸市场。杭州富阳逸古斋元书纸有限公司与中国科学技术大学手工纸研究所合作,设立手工纸研究富阳竹纸研发基地,研发高端的古籍修复纸;富春江宣纸有限公司与西泠印社出版社合作中标全国中小学生书法教材;宣纸陆厂、蔡氏文化创意有限公司等企业利用淘宝等网络销售平台,拓宽销售市场;双溪书画纸厂瞄准国外书画纸市场,专供日本、韩国书画市场等。

习近平总书记在中央城镇化工作会议上提出"让居民望得见山、看得见水、记得住乡愁",而富阳竹纸算得上是富阳乡愁的纽带。一千多年的竹纸文化是富阳历史变迁的见证者,是富阳竹纸生产者的智慧结晶,更是富阳最具特色的文化金名片。面对市场经济的多元化和经济全球化发展,机制纸蓬勃兴起,富阳竹纸仍然在顽强地坚守和传承着。

(作者:李莲君)

鸡血石雕：凤凰喋血的神话

相传很久很久以前，在玉岩山一带，连年蝗虫为患，瘟疫流行，作物不能长，百姓不得宁，满目荒凉。离此地不远的凤凰山上有一对美丽的凤凰，古人称"天鸡"，又称"神鸡"。当它们飞过玉岩山时，见此凄惨情景，十分怜悯，决意要为此地百姓除害，造福一方。于是，它们在玉岩山降落，经过奋力搏斗，消灭了蝗虫，驱散了瘟疫，创造了五谷丰登、国泰民安的太平盛世。玉岩山百姓感恩万分，恳请凤凰留在玉岩山，以保世代康乐平安。凤凰被百姓的精诚之心所感动，乐意在玉岩山定居、成家。可是不久，玉岩山来了一对作恶多端的乌狮，妄图赶走凤凰，占山称霸。凤凰不怕邪恶，勇敢迎战，几经搏斗，战胜了乌狮。但乌狮并不就此罢休，千方百计寻找机会，欲置凤凰于死地。正当雌凤凰进入孵育期，雄凤凰外出觅食之际，乌狮趁雌凤凰无所防备，偷袭凤巢，猛攻雌凤凰。雌凤凰奋起抵抗，几次击退乌狮，但最终因势单力薄，被两头乌狮咬断了一条腿，鲜血流遍了玉岩山。等到雄凤凰归来，雌凤凰已精疲力尽，难以动弹。雄凤凰含着悲愤的眼泪，击退乌狮。为了医治创伤，它们只得埋好凤凰蛋，腾空远去。山下的百姓痛惜万分。他们对天祈祷，请求天宫神灵保佑凤凰平安脱险，再给玉岩山带来欢乐和幸福。凤凰的悲愤啼鸣，百姓的虔诚祷告，感天动地。玉帝派皇太子下凡视察实情，令地藏王将玉岩山的天鸡血点化成美丽的丹石，并赋予块块丹石有逢凶化吉、驱邪扬善、惩恶布爱的力量，那凤凰蛋也神奇地变成了晶莹瑰丽的玉石。而万恶的乌狮，见凤凰已经飞走，以为玉岩山从此可成为自己的领地。它们再次来到玉岩山，万万没想到，一踏上玉岩山，那遍地鲜红的丹石顿时发出道道金光，把乌狮烧成了乌黑的焦炭。此后，玉岩山恢复了昔日的和谐和欢乐。后人为了纪念传说中的那场惩恶扬善的争斗，把矿区几座奇特的山岩，冠上了鸡冠岩、蚱蜢脚盘（当地人称蝗虫为蚱蜢)、太子尖等山名,还把昌化石产地的山岭,取名为康山岭,以寄托永葆康乐的愿望。在玉岩山西段还有两座寺庙,分别供奉着玉皇大帝和地藏王神像,以示对神仙的感恩。这便是当地流传最广的有关鸡血石的神话。

这个美丽的神话给鸡血石平添了神秘、浪漫的色彩,丰富了它的文化内涵。所谓鸡血石能兴家避邪之说,一直流传。所以,鸡血石成为名人雅士馈赠、收藏佳品。毛泽东生前很少使用印章,他的签文、书信、书法手稿落款,一般手书其名,但却保留着两方十分珍贵的大号昌化鸡血石印章,印文之一为白文"毛泽东",之二为朱文"润之",现存放于中央档案馆。据介绍,这是北京和平解放时,他的同乡、印坛巨匠齐白石为表达对毛泽东的崇敬之情,亲手刻制赠送的。1972年中日建交时,周恩来总理精心安排,特选了昌化鸡血石印章作为国礼送给来访的日本首相和外交大臣。送给田中首相的是两方图纹对称、血色如云彩的黄冻地鸡血石对章,名为"红云图",象征着中日建交的成功与胜利。其中一方,由上海著名篆刻家刘友石刻了"田中角荣"印文。两年后邓颖超同志访日,又选了昌化鸡血石印章赠给日本政要。中日关系掀开了新篇章,并在日本掀起了昌化鸡血石热。昌化鸡血石成了日本人眼中一道"红色风景"。1986年夏,美国前总统里根访华,中国领导人也选了昌化石印章相送,增进了两国间的友谊。

鸡血石雕,以昌化为最。它是一种历史悠久的汉族民间雕刻艺术。其历史可以追溯到2300多年前。鸡血石雕最大的特点是"巧",因石制宜,因血增色,拾其自然,巧夺天工。构思创作都要根据鸡血石的血色、血纹、血脉、血形进行,巧借天然,借血施艺,重在写意。独特技法有巧雕,因石配工,突出鸡血,依血取巧,烘托主题,构思要巧,手法要巧,造型要巧。不完全雕,以血为宝,妙施技艺,材艺天成。昌化鸡血石与浙江青田石、福建寿山石、内蒙古巴林石,并称"中国四大名石"。2008年,鸡血石雕被列入国家级非物质文化遗产名录。

虽然鸡血石历史地位较高,但是鸡血石雕这一技艺的发展经过了曲折的历程。20世纪前半叶鸡血石雕在逆境中生存,步履艰难。20世纪60年代以后,鸡血石雕逐步得到政府的重视,在家族传承的基础上,走向发展的昌盛期。1974年,昌化鸡血石产地的上溪人民公社创办了昌化石雕刻厂,聘请了几位石雕名师边传授技艺,边进行石雕创作,培训了石雕艺人20多人。1978年,开采昌化石的国营207矿,在轻工业部有关专家的帮助和支持下,成立浙江省昌化工艺美术雕刻厂,招聘石雕名师指导,进行以雕刻、制印为主的昌化鸡血石加工,培训了18名石雕新手。两厂先后出师的学徒分散于各地雕刻,以师带徒的形式壮大了产地的雕刻队伍,并

鸡血石雕制作工具

铲血凿坯

采取"走出去，请进来"的办法，提高和研究石雕技艺。进入 20 世纪 90 年代，昌化鸡血石产地的石雕厂、石雕作坊迅速发展起来。至今已发展到百余家，加上个体雕刻者，从业人员已达 300 余人。在产地玉岩山南麓的国石村、玉山村，鸡血石雕作坊、店铺已连成片，形成了约 2 公里长的鸡血石雕一条街，吸引客商众多。近年来，鸡血石雕队伍的发展与提高，作品的创新和提升，又上了一个新的台阶。从昌化鸡血石产地的龙岗镇到临安，直至杭州、上海、北京、江苏、义乌、宁波、黄山等，经营和加工昌化鸡血石的商店和作坊已增加到几百家。尤其是昌化国石文化城、临安锦城鸡血石文化街的建成，为鸡血石产业的发展，注入了新的活力。

从古至今，无论出自宫廷还是民间的雕刻高手，抑或出自其他领域的雕刻艺人，对鸡血石雕工艺的研究与实践，都十分讲究昌化鸡血石的血色利用和创意。由于鸡血石雕刻队伍不断壮大，雕刻工艺更趋成熟，创作了许多具有很高艺术价值的精品力作，在历次全国或全省展评中，鸡血石雕获得了很高的声誉，共有数百余件作品获得大奖。

说到传承人，不得不提鸡血石雕国家级代表性传承人钱高潮，在他身上我们看到了鸡血石雕的兴衰起伏，在他身上我们看到了中国匠人的执着和坚守。钱高潮，国家级非物质文化遗产项目（鸡血石雕）代表性传承

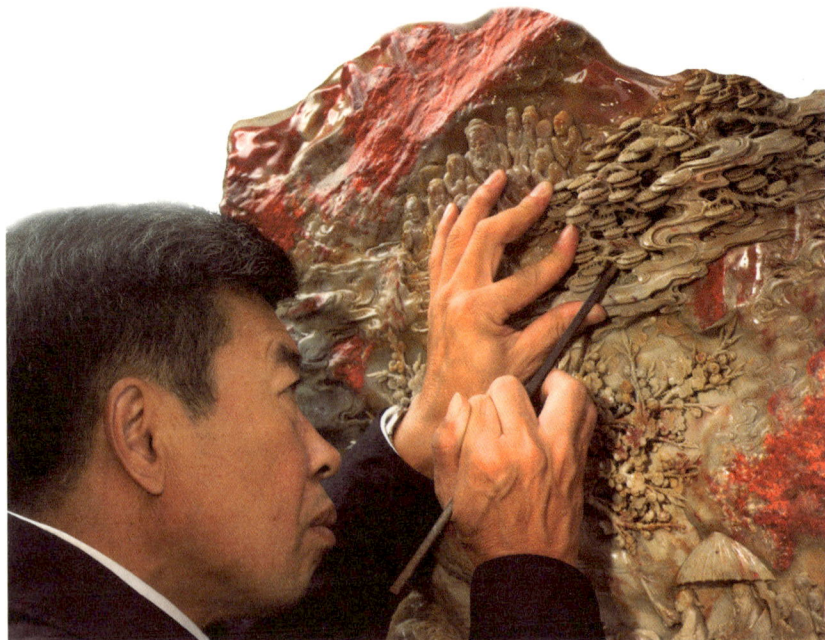

钱高潮在雕刻鸡血石作品

人、中国工艺美术大师，G20 杭州峰会国礼各国政要肖像印创作者，担任浙江省工艺美术行业协会副理事长、临安市昌化石行业协会会长。

在杭州 G20 峰会上，一组用昌化石雕刻的二十国集团领导人的肖像印吸引了众多眼球。作为国礼，印章巧夺天工，造型典雅，寓意深刻。钱高潮与他的工作室成员历经 10 个月的创作，将 36 位 G20 杭州峰会与会嘉宾的肖像浓缩在 6 厘米见方的印石上。为了达到形神兼备，钱高潮把各国政要的传记一一钻研领会。政要们神色各异，人物的精神气质无不跃然"石"上、栩栩如生，方寸之间尽显古典浓郁的中国风。

问及 G20 国礼创作中最艰难的部分，莫过于选材和设计。2016 年正月初四，其他人都还在忙着过春节，钱高潮和他的工作室团队已经马不停蹄地开工了，从设计方案、泥塑到赴矿区挑选原石，每一个环节都反复斟酌，力求做到完美。光是寻找石材这一项，钱高潮就跑了十多趟上溪老家。关于设计，钱高潮也是绞尽脑汁。习总书记曾经说过，中国这头狮子已经醒了，但这是一只和平的、可亲的、文明的狮子。总书记的话给钱高潮带来了灵感，印章的外形设计便是一只只惟妙惟肖，带着友谊的使命的小狮子。肖像印设计稿也是费心活。要花几个月的时间，对着照片画十几遍，用简单的明暗变化把握人物的神态和性格，然后将纸张缩小，印在石章上，开始雕刻，不断细琢。他说，一旦上手，就如入无人之境，不到深夜不"下岗"。

回顾钱高潮大师的从艺之路，刻苦而艰辛。1973 年，当时的公社千挑万选了 10 个后生，送到外地拜师学艺。钱高潮由于天资出众，又受父辈影响，幸运地成为其中一员，被选送至温州学习。这一走，彻底改变了他一生的命运，从此他与昌化鸡血石紧紧地融合在一起，再也没分开。钱高潮以忘我的求学欲望一头扎进了雕刻这一无边的艺术海洋。于是，那段在其他人看来枯燥难挨的学艺生涯成了他有滋有味的艺术"大补"期，他跟着名师一刀一刀地"吞"掉那些顽石，再一刀一刀地"吐"出来。泡在石头堆里整整三年，他练就了一手绝活，或刚或柔的浮雕、剔透的镂刻，石的鲜活在刀的歌唱中拥有了生命和永恒。20 岁那年，学艺有成的他放弃上北京工作的机会，选择回老家办起昌化石雕厂，后来又被省地矿厅特聘去当了 5 年老师。此间，自认为尚未学到家的钱高潮更加刻苦，为了教学生雕刻动物，他常常大清早跑到动物园去，盯着动物的一蹲一跃琢磨上几个小时，雕技因此突飞猛进。30 岁，由于交通闭塞，经费短缺，客户寥寥无几，钱高潮呕心带徒，操刀养家，举步维艰，但他依然坚守着。40 岁，他在国内外已声名鹊起。但对他来说，这从来不是重点。一大批石雕工艺人才脱颖而出，石雕产业成为家乡村民的一大生财之路,村民们都说他的贡献最大。

钱高潮从事鸡血石雕已 40 多年,其石雕创作以人物为主,他的作品除了传统的人物风情、鸟虫走兽等题材,还推陈出新,作品涉及历史事件、著名人物、各种典故,把艺术和历史文脉融入石雕,先后有 60 余件作品在国家级石雕展评中获得大奖。《鸿运山庄》《财运亨通》《佛光普照》《日出东方》等作品获国际民间手工艺品金奖;《群仙聚会》《鸡血石的传说》《鸡血石大屏——桃园结义》《中国四大名石——历代帝王薄意雕刻》《万世师表》《长寿图》等作品获中国工艺美术大师作品暨工艺美术精品博览会"百花杯"特等奖和金奖。《大汉雄风》《千古一帝》等作品在国际文化产业博览会获金奖。《蝉鸣》《钱王功绩图》等作品被中国工艺美术馆等场馆收藏。2015 年,钱高潮的石雕作品《紫气东来》以"老子出关"为题材,选用上等昌化鸡血石雕刻而成。作品最大限度地利用石材,通过圆雕、镂

日出东方（钱高潮作品）

万世师表（钱高潮作品）

雕、浮雕等特殊性技法和严肃性取料,因色取巧,因材施艺,获得了中国民间文艺山花奖,这是综合性全国性民间文艺最高奖项。

如今,鸡血石雕的保护、发展、传承呈现良好的态势,代表性传承人们在展示、展览、比赛等各方面都取得了一定的成绩,高素质的研究生也加入传承队伍,对鸡血石雕传承人的培训、研修学习有条不紊地进行,临安昌化职业技术学校开设了鸡血石雕班,每年招生 30 名学生。鸡血石雕大师在教学传承基地建立大师工作室。正如钱高潮大师所说,鸡血石雕这一独特的技艺在现代社会中正焕发出如凤凰喋血般艳丽、迷人的风采……

（作者:张侠燕）

杭州铜雕

一

"在我们的爷爷奶奶家里，可能还有一点铜器，但是现在我们身边很少看到铜器，非常遗憾铜正在淡出我们的生活，但铜文化又是非常了不起的文化，我们希望铜能够重新回到老百姓的生活中去。"杭州铜雕国家级非物质文化遗产代表性传承人朱炳仁，几年前在一次接受采访中这样谈起"铜"。

铜，象征着富贵，"铜，赤金也，从金同声"。铜像金，用铜如用金。

春秋越王青铜剑、西汉会稽青铜镜，浙江大地上留存着引以为傲的铜雕传世作品。

在杭州的雷峰塔地宫，曾经发掘出让人眼前一亮的铜工艺品，它们见证着昔日杭州手工业的发达和市场繁荣。在 800 多年前的南宋王朝，成为全国铜工艺品集散中心的杭州打铜巷，东挨皮市巷，西接中山中路，南靠鼓楼，北临河坊街，巷长 200 米。前店后坊的打铜巷，叮叮当当的打击声，应和着锉刀声，此起彼伏，演奏着别样的乐章。

二

"家有铜，说穷也不穷。""穷则穷，家里总要有点铜。"

婚庆喜事中的响铜大锣、黄铜喇叭、鸳鸯铜盆、福寿铜炉，还有那喜上眉梢的铜蜡台、寓意早生贵子的包铜樟木箱上，风风光光、金光灿灿的铜家什带来那么多的欢声笑语。此情此景一如昨天。一代代杭州铜雕艺人有力而灵巧的双手便是这些各式各样的铜器用具的创造之源。

铜是艺术的载体，铜的"脾气和秉性"如何？卓越的铜匠心中有答案。用自己的双手驾驭这冰凉坚硬又光彩照人的金属，把丰富的想象和温润的文化倾注其中,赋予热情、感情、激情,是艺术工匠最乐此不疲的事情。

杭州铜雕有锻刻,有雕浮,将传统的绘画与锻铜工艺结合起来,雕刻刀法圆浑,打磨抛光细腻,生产的作品造型古朴典雅。

杭州铜雕特征鲜明:有书艺结合,在铜板上作画写字,蕴含文学、绘画、书法艺术;有彩画相间,运用氧化着色方法,在铜板上彩画,制成彩色铜雕;有三色为本,不喷涂不上色,在铜板上得到金、银、铜三种本色;有蚀刻防腐,利用青铜属性,经过化学蚀刻反应,有纹饰有膜层,呈现铜绿色、铜青色、铜黑色,永久防腐;有纹饰永久,用铜艺术装饰各种建筑,不风化脱落;有熔意多变,根据铜的可熔性,结合熔炼技艺,运用想象力和文史知识,创作出艺术品,被大量应用于现代建筑和日常生活;有富贵象征,把青铜做成艺术品,古人称之为"金",被现代人视为珍贵的"收藏品"。

杭州铜雕形式多样,包括锻铜、铸铜、刻铜、熔铜和叠镶铜。

镂空、叠镶、烘炼、制绿、熔模、三色、点刻、熔意,合称杭州铜雕八大功夫。

镂空,用手工雕刻出穿透物体的花纹与文字,形成多层次的空穴及镶嵌的复合夹层,优美而牢固;叠镶,不焊接,通过研磨平面叠合、嵌扣、融汇,浑然一体;烘炼,用烈火烘炼铜板达到可锻深度,表面清晰、光滑、美观;制绿,采用化学配比方法,在极短时间内显示青铜绿色;熔模,用腊制模,涂泥点注入铜渣,冷却而成;三色,手工反复研磨、擦抛、喷砂,使铜器覆出金色、银色、铜色的自然本色;点刻,用手轻重敲击图案,凿出各种花卉、禽兽、山石、人物等纹饰;熔意,根据铜的可塑性和可延展性,将熔铜废粒进行艺术创意,制成需要的铜艺品,形状奇特而美丽逼真。

在各道工序中,锻打贯穿始终。锻打又可分为粗打、细打和精打。用锤子粗放式地敲打,使铜料初步成型,名为锻打;以锉刀和锤子将图案分出层次,叫作细打;精打,则是靠几十种大大小小的錾子,一笔一画地将飞禽走兽、花鸟鱼虫的各种神态和细节,描绘至栩栩如生。

铜雕艺术传承人将八大功夫运用得炉火纯青、得心应手,创造出灵隐铜殿、钱王祠铜殿、西湖龙凤船、雷峰塔铜雕、全铜香积寺、桂林铜塔、峨眉山金顶、武汉琴台大剧院铜幕墙、上海东林寺、无锡灵山巨幅降魔铜壁画、常州铜装饰天宁宝塔、台湾祖师庙铜装饰、印度大型铜壁画等铜工程铜艺术代表作。

三

朱炳仁,中国铜业骄子,杭州铜雕国家级非物质文化遗产代表性传承

江南铜屋——朱炳仁铜雕艺术博物馆

人、中国工艺美术大师、全国"五一"奖章获得者。从小受到祖辈铜艺熏陶，而立之年挑起朱德源书画社担子，传承"朱府铜艺"老字号技艺，之后相继开办铜装饰厂、铜大师村有限公司、铜艺术空间有限公司、铜工程有限总公司、金星铜集团有限公司、浙江朱炳仁铜雕艺术博物馆。30多年持之以恒，带出350多人的铜匠专业队伍。

江南铜屋——朱炳仁铜雕艺术博物馆

江南铜屋——朱炳仁铜雕艺术博物馆

铜雕技艺生产性保护基地——杭州金星铜工程有限公司

朱炳仁铜雕艺术博物馆展品

朱炳仁传承了祖辈技艺,让铜重新走进老百姓的生活当中。朱炳仁还大胆创新,赋予铜雕技艺大气诗意的风韵。他将传统的铜雕技艺与建筑科技相结合,成功地把"铜建筑"理念融入了现代建筑,创造出大气磅礴、美轮美奂的中国当代铜建筑。

一继承,二创新,朱炳仁传承先贤的技艺,使祖传技艺更具生命力,朱炳仁研发的多层次锻刻铜浮雕品等工艺既吸收传统技艺特色,又体现现代科技方法,产生彩色铜雕、三色铜雕等技艺和独特的制作方法。彩色铜雕的出现,使杭州铜雕在国内外产生重大影响,引起广泛关注。

让铜在自由状态下熔融流淌，让古朴的铜更加流光溢彩。铜雕遇上朱炳仁成为有灵魂的艺术，朱炳仁让铜艺有了新气象。"通红的铜浆满溢出来了／泼洒着飞溅着喷发着／点燃了第一抹云彩／点燃了最后的夜色"，在朱炳仁的笔下，雕铜筑诗、以诗铸铜。"但愿铜就是我，我就是铜。"

朱炳仁领衔创作的杭州铜雕作品屡获大奖：《临安胜迹图》《五湖四海》《出师表》《天地玄黄》《钱塘八景彩色铜门》《天地形胜系列铜六幅》《沧桑》等获全国工美展金奖；《百子弥勒》获全国专利金奖；《杭州雷峰塔》获全国建

朱炳仁铜雕艺术博物馆内景

筑工程金奖；《东林寺——佛铜门》列入大世界吉尼斯最高纪录；还有全国"金凤凰"新产品奖、全国重点新产品奖、山花奖、百花奖、特别创意奖等。

朱炳仁的铜雕作品多次被国务院、外交部作为国礼赠送外宾：《五牛积福》赠予美国总统奥巴马；《乾隆八骏》赠予法国总统奥朗德；《十犬十美》赠予基辛格。杭州铜雕作品中的翔龙舞凤、飞马猛虎、红鹦白鹤、金鱼银虾、奇花异木，生动逼真。

杭州铜雕曾举办中韩文化艺术展示和演示，还与西方艺术家达利进行跨世纪的文化艺术对话，使世界更加了解中国。在中国和智利共庆中智建交40周年之际，朱炳仁将精美的熔铜作品《情满天地》赠送给智利总统，赢得高度评价。

朱炳仁将杭州铜雕推向世界，享誉"梵铜之心，时代骄子"；朱炳仁把铜传播到佛教名山，四大佛教圣地——五台山、九华山、峨眉山、普陀山，都有杭州铜雕的足迹。

"朱炳仁·铜"品牌，先后与故宫博物院、颐和园、凡·高博物馆、成都博物馆等合作，推出国礼系列铜文创衍生品，是唯一入驻故宫的铜文创品牌。在北京、上海等大城市有三十多家实体店，产品涵盖茶、香、礼、文房、家居，是中国铜文创第一品牌和国礼定制领导品牌。

朱炳仁本人还获得国家级非物质文化遗产传承人薪传奖、中国民间杰出传承人、全国成

朱炳仁在雕刻

就资深建筑师、国家艺术基金会专家委员会评委、中国艺术研究院研究员、浙江省专利先进个人、杭州市杰出人才奖等崇高荣誉。

杭州铜雕誉满全国，杭州铜雕海外扬名。

（作者：郑金开）

西湖烟波伞似景,绸伞佳人行入画

　　相较于依石而居的西方,古老的东方先民则择木而生。木头作为古时建筑与生活器具之材,在潜移默化地影响并塑造着东方人的性格。竹也不例外,竹自古以来被寓有刚正气节之意,有君子之风。丝绸,轻软温婉,有江南女子之韵。杭州这座古都,有看不尽的四时风景和数不尽的历史名人,在这座历史文化名城里也发生并流传着许多美丽的传说故事。而西湖绸伞则是将竹、绸、杭城美景与传说合而为一,撑开是柔美可观的风景与故事,收拢起的根根竹骨间则透露出人们对绸伞的无尽想象。

西湖绸伞之始

　　杭州西湖绸伞始创于 20 世纪 30 年代,著名杭州实业家都锦生因丝织品遇淡季而出国考察,见日本女士所用绢伞,心生以绸制伞的想法,回国后的都锦生便着手组织成立了由竹振斐、蔡家然、严端三位成员组成的试制小组。绸伞伞面由都锦生丝织厂所产绸品自供,而伞骨研制派专人往温州、永康、平湖多地访贤,终在富阳鸡笼山寻得两位工于伞骨技艺的老师傅——戴金生与朱瑞洪。之后又对伞头、伞骨、伞柄、绸面装饰进行长达两年的多次设计与反复调试。西湖绸伞终在 1932 年研制成功。

西湖绸伞之脉

　　都锦生为"绸伞试制成功庆典"特邀当红明星胡蝶、徐来参加揭幕仪式,西湖绸伞从此扬名。作为旅游纪念品销售的西湖绸伞在旅游旺季也曾出现供不应求的盛况,而绸伞的传承发展也备受国家政治文化环境变迁的影响。

　　至 1937 年,因杭州沦陷,绸伞生产全面停顿。抗日战争胜利后,西湖游客逐年增多，绸伞产业逐渐复苏。中华人民共和国成立后，人民政府重视扶持手工业的发展，着手引导手工业走上合作化道路，并将西湖绸伞列为杭州特种工艺品，走向国外市场。

首创期的绸伞规格尚未统一，伞骨有46根、42根、36根、32根不等，伞面刷花多以单色、双色为主。随着出口量增多，产量提高。1960年成立了杭州市工艺美术研究所，特设西湖绸伞研究室，在竹振斐、游静芝夫妇的带领下，集结众多优秀的专业人员创新西湖绸伞的产品，伞骨也逐渐定型为32、36根，工艺上更趋合理，同时也进一步提高了刷花工艺的运用水平。在竹振斐夫妇的指导下仍不断创新研发，他们开创了绸伞的刷花、绘花、绣花工艺，在1990年参评中国工艺美术百花奖，并荣获创新设计一等奖"希望杯"。

在浙江省政府、杭州市政府的支持下，2008年西湖绸伞被成功认定为国家级非物质文化遗产项目，杭州市工艺美术研究所成为西湖绸伞制

西湖绸伞

作技艺保护单位。2011年,西湖绸伞入驻中国伞业博物馆和杭州工艺美术博物馆活态展示厅,也使得这项珍贵的非遗项目在新的发展时期有新的传承空间。

西湖绸伞之雅

"撑开一把伞,收拢一节竹"是对被誉为"西湖之花"的绸伞的工艺特征最形象完美的概括。工艺奇巧、造型典雅、文化内涵深厚的西湖绸伞,无论材料、工艺,还是造型、装饰都是别具一格,也是任何其他形式的伞无可比拟的。

看竹是竹

"一节竹,一把伞",伞骨取自原竹,于数以百计的竹类品种中,竹节圆长、篾匀皮薄的淡竹最佳。号竹是制伞的第一道工序,白露前到淡竹产地余杭、德清、安吉、富阳、奉化等地甄选有3年以上竹龄,粗细在五六厘米,竹节间隔不少于38厘米,没有阴阳面和斑痕的淡竹。且一般每株淡竹只取第2至4节,也即整根淡竹仅可制两把伞骨。

竹中择优备做伞骨之材,也需经多重工艺才能制成伞骨。清润圆直的淡竹浸泡在药缸里做防蛀、防霉处理,再经刮青劈竹、穿骨劈青,以及后期编挑、整形、铣槽、劈短骨、劈青骨等一系列工序,制成有32根的伞骨架。每根伞骨4毫米宽,若是粗些的竹段则劈成33根后再抽出1根,称作抽骨,这样才能使收拢后的伞面如竹筒般圆润平整。

看竹非竹

西湖绸伞,以竹成骨,以绸张面,以刷花、绘画、绣花"三花"工艺将杭城风景和传说故事等独具地方特色的文化融于其上。

"撑开一把伞。"32根的绸伞竹骨伞架连接与张合的巧妙之处也是藏有另一门艺术——穿线。穿腰线、边线是上伞面工艺里上架之后的一道工序,对牢固伞骨起关键作用,要做到宽松得当又均匀平服。伞骨架由长伞骨与短撑,上、下伞斗组成,穿花线则是在长伞骨和短撑之间完成。在竹节上穿孔以支撑短骨,每根长伞骨与短撑都有4排细孔,每36孔一排,共14个孔,孔的直径不足1毫米,穿梭于伞骨间的花线需穿足296针才能将一把绸伞完成,而这些繁复的线条却能如万花筒般多而不乱。

伞以丝绸做面料,丝绸多彩,绸伞"三花"工艺赋予绸伞多姿的展现形态。刷花采用人工刻板,多版套色,多以杭州西湖风景为题材;绘画工艺采用中国画的技巧,多以工笔仕女图、山水花鸟图修饰伞面;绣花工艺以传统刺绣盘金绣技艺,在如蝉翼的丝质伞面上绣出雅致的图案。形神兼具的白蛇传奇、西厢记等传说故事,西湖泛舟、平湖秋月、三潭印月等杭州西湖风景,传统花鸟山水元素巧然跃于伞面,一把绸伞便将江南神韵表达到极致。

看伞似竹

"收拢一节竹",是说收拢起的绸伞,可复原为一段严丝合缝的圆竹,这就要讲到制伞诸多工艺中的劈青、贴青。

将清逸柔滑的丝绸巧妙地夹制在上下分开的篾青与篾黄之间,使伞面既牢固又平整,这独特的制伞手法是绸伞创始人竹振斐从麦秆扇扇柄夹扇面的工艺中得到的启发。劈青是将每根伞长骨劈成上下两层篾青与篾黄,此时要将篾青与篾黄完整地分离开,还要按原竹的上下左右排序并编号。待经过缝角、绷面、上浆、上架、剪糊边、穿花线、刷花、折伞等多道工序,再进行贴青。贴青时将篾青按原位对号入座,须做到"三齐一圆",即顶齐、节齐、边齐,收拢圆稳,这样在刮胶、装杆、装包头、装柄后收合起来的伞便俨然如一支天然竹节了。

伞头以西湖"三潭印月"之石潭造型改制,设计时以写实、夸张等手法,将石潭创制出仿真型、矮胖大肚型、开孔透光等众多的艺术造型。早期的伞柄一般有红木柄、鸡翅木柄、竹根柄、牛骨柄,高档伞柄采用稀有的牛角、象牙制成。伞柄还配以浮雕装饰,经打磨后的伞柄平整光滑,手感舒适。伞杆以竹木装以钢跳、铜跳,使伞构架完整,收放自如。

西湖绸伞之承

继第一代绸伞先辈竹振斐等三人试制小组,及竹氏夫妇始创绸伞并逐步改良绸伞,后辈诸多传人也依然将传承制伞技艺与发展完善当代绸伞视为己任。有幸因机缘拜识西湖绸伞制作技艺国家级非遗传承人宋志明老师,其间就所展绸伞制作工序中一个微小细节表述不够明确,宋老师怕之后公之于众误导游客,多次主动沟通耐心解释其中的细微差别。在此对宋志明老师从师学艺及其对绸伞制伞技艺的传承发展所做贡献简述几笔,以示对老一辈绸伞传承人的执着匠心致敬。

宋志明16岁随竹振斐学艺,第一个年头里还只是做些搬伞骨、背绸子、扛伞杆的粗活儿,忠厚踏实还虚心好学的宋志明深得竹老赏识,将其收为关门弟子。竹振斐夫妇将所带艺徒视为自己的孩子,精心授艺,绸伞

西湖绸伞传承人宋志明制作绸伞

制作有18道工序，师父会针对弟子们各自不同的能力因材施教，而对虽不善言语，但潜心学艺的宋志明，师父则道道亲传。

20世纪80年代，竹老夫妇年迈离退岗位，宋志明和时任绸伞室组长的安金陵师姐承接了发展创新西湖绸伞的艰巨任务。在两人的共同努力下，伞面用绸由原来的真丝斜纹绸改为真丝电力纺与真丝乔其纱，这样一来绸伞更显轻逸了。宋志明还创新性地将纯棉布、蓝印花布、手工扎染、蜡染布、萧山万丝缕以绸伞的制作形式进行试制。伞面装饰也在原有"三花"工艺的基础之上，根据画面内容组合应用，如刷绣组合、绘绣组合、刷绘组合等多种方式。装饰工艺的创新也使得伞面内容得以更为多元，经改良丰富后的伞面图案将众多传统文化符号进行再创作，如剪纸艺术、篆刻、敦煌飞天、百子图、京剧百脸谱、观音十相等，借助绸伞这一载体呈以更多中华元素。在伞头、伞杆及伞柄之处，宋志明也是极费心思地进行换材装点，以红木、牛角、玉石或配上浅浮雕饰，打造精品收伞。

在传承技艺方面，宋志明以多种方式收徒授艺，以使制伞技艺免遭失传。在20世纪90年代初，研究所迁址导致绸伞业务量大减，绸伞生产时产时停。宋志明便决意在富阳自费筹建苏杭工艺品厂，其间有在生产线上收徒，也有培养兼职艺徒，更有在高等院校培养新人。

创新了制伞工艺，研制出了精美绸伞后，希望绸伞能被更多的人所了解、喜爱，宋志明积极参与各地举办的工艺品展销博览会，还积极支持博

西湖绸伞传承人宋志明指导制作绸伞

物馆、展览馆的展示工作。西湖绸伞的成功申遗除了政府的关心与支持，也离不开宋志明的努力与争取，2009年宋志明被文化部认定为西湖绸伞制作技艺国家级非物质文化遗产代表性传承人。之后将公司回迁杭州的宋志明又建立起西湖绸伞大师技能工作室，执其匠心与热忱继续将绸伞制作技艺传承发展下去，且能更好地与当代生活融合，使传统工艺在新时代寻得适宜的发展土壤。

西湖绸伞的发展传承历史虽尚不足百年，但其奇巧的制作工艺，以及伞面上的百变图景，使其以雅致的形态展现出江南独有的丝竹之韵和纷繁多姿的中华传统文化。在近年来非遗保护工作的积极开展中，也愿西湖绸伞能在保护传承的新思路、新途径中得到活态传承与发展，使绸伞能从亟须被保护的"遗产"之列转入更多现代人日常生活化的工艺品之列。

（作者：赵孟岩）

绿茶制作技艺（西湖龙井）

中国是茶的故乡，杭州是中国茶历史的重要见证者。杭州自隋开皇九年（589）设立时，就已有茶叶种植。茶圣陆羽在其所撰写的世界上第一部茶叶专著《茶经》中，就有杭州天竺、灵隐二寺产茶的记载。大文豪苏东坡常在龙井狮峰山脚下的寿圣寺品茗吟诗，其手书的"老龙井"匾额至今尚存于狮峰山的悬岩上。南宋建都杭州，中国茶文化的中心也随之南迁至杭州。明初，朱元璋的"贡茶改制"，极大地推动了儒家茶人清饮文化的发展，以西湖龙井茶为代表的清饮绿茶重新成为中国茶的主流，"西湖龙井"被选为贡茶。明末清初，杭州成为浙江最重要的茶产业集散地。清时，乾隆六下江南，四上龙井，题写六首龙井茶御诗，亲封"十八棵御茶树"，奠定了西湖龙井茶的至尊地位。民国期间，西湖龙井茶成为中国名茶之首。中华人民共和国成立后，毛泽东、周恩来、邓小平等党和国家领导人都曾亲临龙井茶区，关心西湖龙井茶的生产。1959 年西湖龙井茶在全国"十大名茶"评选中位居榜首，1988 年狮峰牌极品龙井茶在第 27 届世界优质食品评选会上获最高荣誉奖——金棕榈奖，成为国家礼品茶，被世人誉为"绿茶皇后"。

"茶为国饮，杭为茶都"，杭州之所以成为著名旅游城市，与其山水及人文环境密不可分，也与西湖龙井茶及其茶文化有着密切的关系。早在宋代，杭州城里，茶肆、茶坊即已相当普遍。据宋人吴自牧《梦粱录》记载，其时茶馆遍布全市，在清河坊一带，就有清乐、八仙等多家大茶坊，所谓"太平父老清闲惯，多在酒楼茶社中"。在街头巷尾，还有担茶卖的，"每担一副，有锡炉两张，其杯箸、调羹、瓢托、茶盅、茶船、茶碗……无不足用"。王公贵胄、文人雅士择器鉴水，煮泉品茗，是为雅事；而庶民百姓粗瓷瓦罐就地汲水，单为解渴，一杯天地，也是一个鲜活的江湖世界……时至今日，喝茶之于杭州人,流风余韵不绝。各种特色茶馆在街头随处可觅,成为城内一道独特的景观,而有空去喝茶,亦成为一种新的时尚。

一、西湖龙井茶的生长环境

茶树喜欢温暖潮湿而荫蔽的生长环境,还需要适当的光照、水分、温度和土壤条件。西湖龙井茶区地势北高南低,西侧为九溪十八涧,独特的地理环境,造就了茶树生长所需的天时地利条件。茶区漫射光丰富,年日照总量为1904.6小时,4—10月的有效辐射占全年总辐射量的70%以上,利于茶芽中的芳香物质、氨基酸等成分的形成和积累;年平均降水量1399毫米,3—10月的有效降雨量占全年雨量的80%以上,平均相对湿度80%左右,能满足茶树对水分的需求;年平均气温15.9℃—17℃,利于茶树抽芽吐叶;茶区土地肥沃,多为富含有机物磷较高的微酸性砂质土壤;土层厚度适宜,在80—100厘米之间,下层为半风化的母质层,质地疏松,通透性好,利于排水。

优质的土壤、温暖湿润的气候、优良的龙井茶茶树品种,再加上人们精心栽培和高超的炒制技艺,造就了西湖龙井茶名扬于世的“色翠、香郁、味甘、形美”的四绝特质。

二、西湖龙井茶的特点

西湖龙井茶是指在杭州市西湖区所辖行政区域（西湖产区）168平方公里保护区域内生长的符合龙井群体、龙井43和龙井长叶三种茶树品种的茶叶鲜叶,按传统工艺加工而成的扁形绿茶。历史上,西湖龙井有“狮（峰山）”“龙（井村）”“云（栖）”“虎（跑）”四个字号。民国后,“梅（家坞）”字号也位列其中,现在统称为西湖龙井茶,其中以狮峰山、龙井村所产的茶叶品质最佳。

西湖龙井茶的特点:外形扁平挺直,大小长短匀齐,色泽黄绿油润,汤色清澈微黄,清香隽永。西湖龙井茶依据不同等级,其品质特征也各异。春茶中的特级西湖龙井茶外形扁平

俊秀,光滑匀齐,苗锋尖削,芽长于叶,色泽嫩绿或翠绿,体表无茸毛;汤色嫩绿明亮;清香或嫩栗香;滋味清爽或浓醇;叶底嫩绿,尚完整。其余各级西湖龙井茶随着级别的下降,外形色泽依次为嫩绿—青绿—墨绿,茶身由小变大,茶条由光滑至粗糙,香味由嫩爽转向浓粗。

三、西湖龙井茶的采摘技艺

西湖龙井茶历来以采摘细嫩而著称,据测定,每500克特级成品茶由

采茶

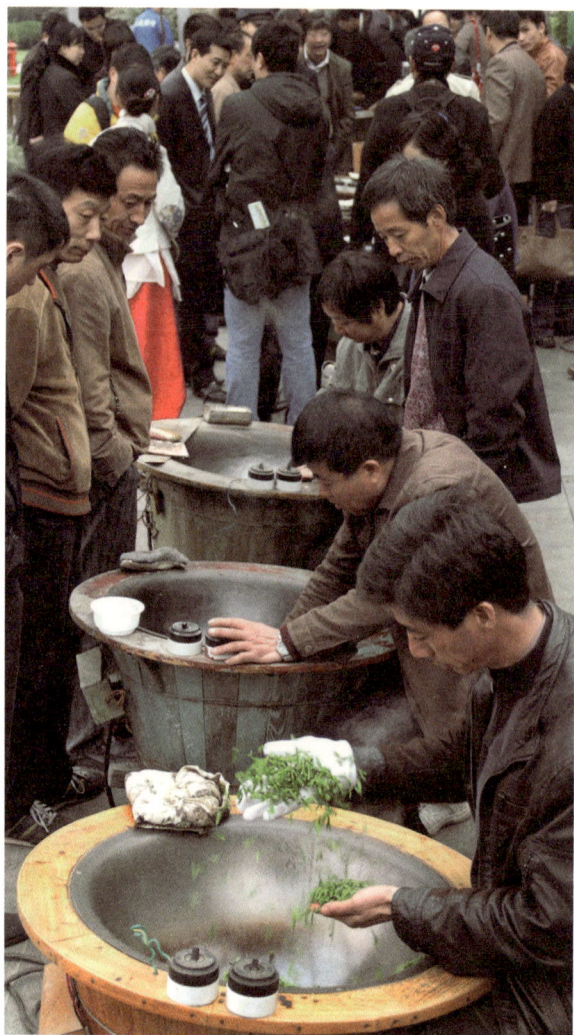

第一锅西湖龙井茶炒制现场

3.6万朵完整嫩芽叶组成。龙井茶采摘有三大特点:一早、二嫩、三勤。采摘以早为贵,具有极强的季节性。从3月下旬开始,直至10月上旬结束,全年采摘期长达190天至200天。根据采摘的嫩度和时期不同,龙井茶芽分为莲心、雀舌、旗枪、梗片等。春季,茶农分四次按档次采摘青叶,清明前三天采摘的称"明前茶"。此茶嫩芽初迸,如同莲心,故名"莲心茶",是西湖龙井茶中的珍品。清明后到谷雨前采摘的叫"雨前茶",这时茶柄上长出一片小叶,叶形似旗,茶芽似枪,故称"旗枪"。立夏前的茶芽旁有附叶两瓣,形似雀舌,称为"雀舌"。再过一个月采摘的茶已成片并附带茶梗,称为"梗片"。鲜叶的嫩匀度是龙井茶品质的基础。

龙井茶采摘方法主要有提手采摘法,即手心向下,大拇指和食指夹住茶叶嫩茎,轻轻向上一提,芽叶就采下了。另有双手采摘法,即双手交替,似小鸡啄米,可大大提高采茶工效。

四、西湖龙井茶的制作技艺

西湖龙井茶的加工炒制,因原料等级不同,加工技术也不尽相同,产品各有特色。特级西湖龙井茶全部采用手工炒制，制作过程精致细腻。俗话说："龙井茶是靠一颗一颗摸出来的。"确实如此，其工序之复杂有目共睹，一般制作半公斤上好的西湖龙井茶需耗时八小时左右，起码需要八道工序，即摊放、青锅、回潮、辉锅、分筛、挺长头、归堆、收灰。整个炒制作业过程，青锅和辉锅两道工序是关键，而控制火力及锅温和掌握手势成为最基本的要素。火力过高，容易粘锅；火力不足，茶芽发腻，汤色发红。如果手感茶叶温热，锅面与茶叶间润滑光溜，表明火力适当。炒制时运用独特的"十大手法"手工加工工艺，即抓、抖、搭（透）、拓（抹）、捺、推、扣、甩、磨、压。

摊放龙井茶

西湖龙井茶的炒制非常讲究，经过以上工序炒制的西湖龙井茶，含水量从 75% 减少到 6% 左右，成为形状扁平光润，色泽鲜明翠绿，汤色碧绿清莹，

归堆收灰

滋味甘鲜醇和，香气幽雅清高的成品干茶，同时能较好保持茶叶天然营养成分，具有生津止渴、提神益思、消食利尿、除烦去腻、消炎解毒的功效。

五、西湖龙井茶的现状和保护

西湖龙井茶就像一颗璀璨的明珠镶嵌在西子湖畔，是杭州乃至国家的一大无形资产，但随着城市建设、旅游和经济社会的发展，近几年来也面临着严峻的考验。主要问题表现在：

一是随着茶园旅游业的发展，茶区面积不断减少。

二是因手工炒茶效率低、学艺苦、成才成本高，出现传承人才断档。

三是业态存在显著季节性变化,占亩产 70% 以上的夏秋茶未得到有效利用。

四是机械化生产的普及与龙井茶品质间的矛盾。

五是引进高科技栽培管理技术的投入不够,造成茶叶品质无法提高。

六是市场经营秩序不规范,存在假冒伪劣和以次充好等问题。

为了保护和发展西湖龙井茶这一国家级瑰宝,近年来,杭州市委、市政府采取了一系列保护措施,取得了显著成效。

一是立法保护。杭州市制定《杭州市西湖龙井茶基地保护条例》,使西湖龙井茶保护纳入法制化管理的轨道。

二是地域保护。国家质监总局于 2001 年对龙井茶实施原产地保护政策,杭州市政府根据西湖龙井茶的实际生产范围划定保护区域,对茶叶基

福海堂制茶车间

地实行分级保护，并建立西湖龙井茶后备基地。

三是品质保护。目前西湖龙井茶的主栽品种为龙井群体种，辅栽品种为龙井长叶、龙井43，规定在一、二级保护茶区内，禁止栽种其他品种茶树；积极实施"西湖龙井茶中铅含量来源研究及控制建议"项目；制订《西湖龙井茶手工炒制工艺规程》，使茶叶生产完全纳入标准化、规范化生产的轨道。

四是品牌保护。从2002年起，西湖龙井茶使用原产地域产品专用标志，制作龙井茶西湖、钱塘产区质量标准实物样茶，统一使用西湖龙井茶防伪标识，设立西湖龙井茶专卖店。

五是采取科学有效的管理。坚持长效管理和集中整治相结合，建立联建、联管、联制、联勤的"四联"工作机制；政府搭建平台，宣传、展示西湖龙井茶的品牌和炒制技艺；实施西湖龙井茶炒制技艺人才培训计划；建立十五个西湖龙井茶炒茶技艺传承基地，确定责任保护单位，积极发掘各级炒茶技艺传承人。

六是视察检查。市、区级人大代表及政协委员每年例行视察西湖龙井茶区。

西湖龙井茶制作技艺凝聚着西湖龙井茶茶区先民和传承者的智慧，周总理曾赞誉："这不仅是技术，更是一门艺术的传统手工技艺，要代代传承。"

2008年，绿茶制作技艺（西湖龙井）被列入第二批国家级非物质文化遗产代表性项目名录。

（作者：田茵茵）

杭城老字号　扇里舞乾坤

　　中国的扇文化起源于远古时代,我们的祖先在炎炎夏日里,随手猎取植物叶或禽羽,进行简单加工,用以障日引风,故扇子有"障日"之称,这便是扇子的起源了。目前发现的最早扇子实物是湖南长沙马王堆出土的西汉篾丝编木制长柄扇。早期的扇子以长方形的苇编物居多,秦汉后扇子的形制慢慢演变为方、圆、六角等形,扇子的面料也用起高档的丝织绢素,并独为宫中所用,因而有了"宫扇"一说。北宋出现了现今常见的折扇,因其方便实用,在民间广为流传。扇子品种更加丰富,工艺更加精巧,中国扇子作为一种东方文明开始传入欧洲,风行世界。

　　到了南宋,随着画扇、卖扇、藏扇之风的盛行,扇子铺和画商也应运而生,从而促进了中国制扇工艺的迅速发展。明清后,在扇面上题诗作画成为文人墨客追求的一种时尚,与编织、雕刻、书法、绘画及金石篆刻等中国传统艺术形式的融合,使得中国扇子升华为一种更加珍贵的民族艺术。

　　中国扇文化悠久,许多传说都有扇子的烙印。《三国演义》中诸葛亮手执鹅毛扇谈笑风生;《西游记》中铁扇公主挥舞芭蕉扇大战美猴王;济公活佛一把破蒲扇行善救世。同时,扇子也作为道具用在了各类喜剧表演之中,文生执扇尽展潇洒,旦角执扇掩饰娇羞,花脸执扇平添威武,丑角执扇更呈诙谐。扇子在他们手中挥洒自如,各尽其妙,为舞台表演艺术锦上添花。当年梅兰芳演戏就讲究扇功,为在《贵妃醉酒》中将杨贵妃演得出神入化,特地赶到杭州王星记扇庄定制了一柄湘妃竹折扇,并裱以金箔,绘上杭画牡丹,雍容华贵。

　　扇子与杭州有着不解之缘,杭州"雅扇"历史悠久,自古以来闻名遐迩。而"王星记"正是雅扇艺术的鼻祖,王星记扇业的前身是王星记扇庄,创建于公元1875年(清光绪元年),创始人王星斋当年与妻子陈英制作

的泥金满斗式花扇,被选为宫廷贡品。经过120多年的历史传承,王星记赫然成为中国制扇行业中最大的综合体,并以精湛的工艺、迥异的功能、高雅的情趣,与浙江丝绸、龙井茶叶并誉为"杭产三绝"而名扬天下。如今的王星记拥有一名国家级工艺美术大师和一大批省市级工艺美术大师,并被联合国教科文组织设立为全球创意城市网络工艺与民间艺术之都传承基地。

当代的扇艺制作光是扇骨选料一项就已众彩纷呈,既有传统的竹子、红木、牛角,更有珍贵的象牙、檀香木、玳瑁等。

手工制作扇子

檀香扇是以印度产檀香木为原料制作而成,原材料的树龄需要数十年以上,木质细腻坚硬,香味纯真淡雅,制成扇子有"扇在香存"之誉,一把檀香扇保存数十年之后依然香味优雅。檀香扇为手工艺品,主要制作工艺为拉花、烫花、雕刻,用钢丝锯在薄薄的扇片上,手工拉出大小不一、形状各异的上万个小孔,组成千变万化、虚实相宜的各种精美图案,独特的加工工艺使檀香扇更加精致、高雅,成为一件极为难得的工艺珍品。

折纸扇可谓是中国扇中的璀璨明珠,它选料精,工艺绝,扇面美,深得各界人士的喜爱,在扇面上或题字或作画,可以把人间百态收纳其中,精美的书法与绘画更是中国传统文化的体现。扇面绘画不拘于形式和内容,多为即兴而作。内容以鸟兽虫鱼、园林山水、花草树木、人物肖像为主,与雕刻、书画艺术的完美结合,使得中国扇子成为众多文人雅士喜爱和渴求的艺术藏品,也成为展现中国独特文化魅力的艺术结晶。

别看一把小小的纸扇,从制骨到完成,也需16道工序,有时为制作一柄精美的艺术扇,甚至要花去一两个月时间,正所谓慢工出细活。老技师们把扇子当成有灵性的伙伴,当成自己的孩子,每把扇子的诞生,都是制扇师傅艺术生命的延续。一代代扇业人正是坚持"精工出细活,料好夺天工"的祖训,得以让王星记扇子保留着"天下第一扇"的美誉。

下面来说说扇艺的另一绝"黑纸扇",杭州的黑纸扇是百年老字号王星记扇庄的传统产品,其外观古朴典雅,内在坚韧耐用,具有雨淋不透、日晒不翘的特点,素称"半把伞"。扇骨用的是广西桂林的棕竹,花纹美丽,柔软而富有弹性,每根扇骨都光亮可鉴,厚薄轻重,毫发不差,扇面则用浙江富阳、瑞安等地的纯桑皮纸,用桃花盛开时的雨水制作,并涂刷诸暨高山柿漆,一把完整的黑纸扇需经过86道工序,纯手工制作。黑纸扇除素面黑色外,其余都经金银装饰,有泥金面、泥银面、双回泥面等。单就扇面书法而言,一般用真金粉书写小楷;用假金书写行草跨行,偶尔用到朱砂。看似简单,却是失之毫厘,差之千里。难怪有人赞道:扇面是江南文化的精致产物!为掌握此技巧,技师平时需苦练手上的小楷书写功夫,没十二分的把握,无法上扇。再如上色,那是非出动大师不可,既要覆盖力强,又不能画得太厚,否则无法收扇。即便收了扇子,折痕处的画面也会破裂落粉。因此,人物的脸部,鱼、鸟、兽的点睛处应避开折纹,题诗落款则必须顺着折痕写,可谓处处留心、步步小心。

现今的王星记在生产创新的同时,十分注重老技艺的传承和年轻技师的培养。无论是糊面、摺面、上色,还是最后的砂磨、整形,均有专业老师傅手把手教授,使新手尽快地掌握技巧,独当一面。王星记在"提升传统产业,做品牌,做文化,大力发展旅游文化产业"为总体思路下,建起中国扇业第一家集生产、演艺、博物馆和文化交流为一条龙的工业旅游园区。

尤其是博物馆的建立,把扇艺发展进程、文化传承脉络及百年的艰辛与坎

扇子博物馆

坷、精彩与辉煌,都一一展示在世人面前。2008 年王星记制扇技艺被列入国家级非物质文化遗产保护名录。

书画车间

　　中国扇艺于不经意之间，流露出一种难得的雅韵，它来源于独特的艺术创造理念和手法。当这一柄柄扇子在人们面前展开之时，已然成为一件件精美绝伦的工艺品，折射出的是中华几千年扇文化的精彩艺术风貌。我们在让中国扇艺这一传统文化的无价瑰宝世世代代地传承发展下去，让扇子文化在众多工艺美术文化发展的春天里，一枝独秀！

（作者：金斌）

越窑青瓷

考古调查证明,最早的成熟瓷器出现在浙江省的宁绍平原东部地区,它的窑址在现在的慈溪、余姚、上虞、绍兴、萧山一带。其制瓷技艺、装饰工艺和造型款式,在中国古代均达到了极高水平。尤其专门烧造的宫廷用瓷"秘色瓷",成为我国古代陶瓷烧造的经典,因此,它的影响是广泛而深远的。2011年,越窑青瓷烧制技艺被国务院列入第三批国家级非物质文化遗产名录,保护责任地分别为绍兴市上虞区、宁波慈溪市、杭州市西湖区。

越窑青瓷烧制历史悠久,经历了创始期(东汉时期)、发展期(东吴时期)、繁荣期(西晋时期)、停滞期(东晋时期)、低落期(南朝)、恢复期(唐初期)、发展期(中唐时期)、繁荣期(晚唐时期)、鼎盛期(五代北宋早期)、衰落期(北宋晚期)、停烧期(南宋中期)。

越窑青瓷在北宋之后就逐渐式微,在此之后,民间作坊维系着青瓷的烧造,规模与繁盛时期不可同日而语,民间作坊以生产仿制越窑古董为

彩绘瓶:水仙花
(嵇锡贵作品)

辘轳拉坯成型

国家级非物质文化遗产项目代表传承人嵇锡贵

主,烧造技艺日渐衰落。中华人民共和国成立后,随着五大名窑陆续恢复,带动了越窑青瓷的整理与抢救工作。当时,浙江美术学院(现中国美术学院)做了大量的整理研究工作,为越窑的恢复做出贡献。

越窑青瓷的品种繁杂,具有一定的区域特色,各生产区域烧造产品十分丰富,也不尽相同,有碗、罐、盘、钵、水井、笔筒、钟、灶、耳杯、五联罐、虎子、洗、罍、鸡首壶、水丞、砚、唾壶、熏炉、樽、簋、槅、魁、烛台、灯盏、猪圈、狗圈、火盆镰斗、家什农具、堆塑罐、扁壶、神兽尊、蟾形尊、人物俑、粉盒、油盒、执壶、枕、哨子、杯、海棠杯、多角瓶、盏托等。

越窑青瓷由泥变成瓷器,要经过多道工序,大体有取土、粉碎、筛选、淘洗、陈腐、练泥、成型、晾晒、修坯、装饰、施釉、烧成等,烧成出窑后还要对产品进行拣选。

越窑青瓷的美学特征有材质釉色美、器型装饰美、工艺美术美。越窑青瓷以材质细腻、釉色晶莹而著称于世。而秘色瓷又是越窑青瓷的美学特征所在。越窑青瓷的装饰技法主要有刻花、划花、印花、堆塑、褐彩、镂雕等。花纹有植物纹、动物纹、昆虫纹、人物纹、几何形纹等,形式多样,构图美观。越瓷的最大特点是制烧工艺手法一致。器物均采用陶车快速旋转拉坯成形,待半成品适度晾干后,再完成修口配足、贴系粘流、划花

刻画盘:花开富贵
(嵇锡贵作品)

铭字等多项工序。整体风格造型灵巧,器壁匀称,足式平稳,浑圆柔和之气韵遍及通体,越器通体施釉,釉面细润光洁,釉色青翠悦目,在这些标本中可以得到全面反映。

越窑青瓷烧制技艺具有重要的历史、人文、审美价值。越窑是古代历史最悠久、影响最大的瓷窑体系,产品除了行销全国各地,还被大量纳为宫廷用瓷,具有历史研究价值。越窑青瓷的釉色青莹雅致,主要呈青绿色

或青黄色,造型优美生动,有的模印成狮、虎、羊等动物造型,有的塑成佛寺、猪舍等建筑模型,有的捏成荷叶、瓜藤等植物形状,可谓千姿百态。窑匠采用雕、镂、捏、刻、划、印、彩绘等多种技法,使青瓷上的纹样丰富多彩。美轮美奂的越窑青瓷具有较高的艺术价值。

20世纪50年代,浙江美术学院(现中国美术学院)邓白教授做了大量的整理研究。由于越窑青瓷锻烧年代较早,当时没有系统的研究与生产的规划,越窑青瓷代表性传承人嵇锡贵承担起了刻花技艺的科研工作,恢复越窑青瓷的装饰艺术。越窑青瓷因釉色清透,适合刻花、划花等装饰,这些装饰也是越窑青瓷的重要工艺之一,因此对于图案的设计和刻花技法要求很高。嵇锡贵与丈夫郭琳山一起,先后到上虞、慈溪、杭州萧山等地考察越窑青瓷古窑址,走访古代越窑青瓷的收藏者,采集瓷片、瓷土、窑具等资料,进行研究梳理。经过大量的科研和实践烧制后,越窑青瓷技艺的恢复在科研上取得了重大进展。

20世纪80年代,嵇锡贵到上虞瓷厂指导越窑青瓷的恢复生产,并且多次赴古窑址考察,采集瓷片、瓷土、窑具等资料,进行整理研究。她致力于恢复越窑青瓷烧造和装饰工艺。越窑瓷土呈灰色,而釉色清透,根据釉色的特点,她发挥越窑青瓷的艺术特点,根据自身擅长的越窑青瓷装饰技艺,先后主持实施了"越窑青瓷陶瓷彩绘艺术研究""越窑青瓷艺术的传承与开发""浙江越窑青瓷褐彩装饰艺术研究""浙江越窑青瓷捏塑创作艺术研究"等项目。

2000年,嵇锡贵、郭琳山夫妇创立了贵山窑陶瓷艺术工作室,其主要工作是发挥浙江地域特色的材质进行陶瓷创作,研究制作越窑青瓷,创作出一批具有浙江地域特色的越窑青瓷作品。

在继承传统的基础上,越窑青瓷烧制技艺得到了一些改进,比如制作工具的改良,工艺手法的创新,以及装饰形式的发展。在挖掘整理越窑青瓷装饰纹样、造型形式、表现手法方面,他们也进行恢复性的继承,以贵山窑陶瓷艺术研究室为主体,不仅研究恢复越窑青瓷技艺,并注重技艺的传承。他们着重越窑青瓷原料的烧造研究,发现并传承传统技艺。他们收集越窑青瓷实物与瓷片,进行系统的研究整理与科学归类,建立越窑青瓷造型装饰研究资料数据库。还深入地研究传统越窑青瓷,勘察制瓷原料,继承越窑青瓷艺术风格和表现手法,并在原料配方、工艺制作等方面进行瓷器的烧造实践,不断地在恢复和保留越窑的制作工艺方面做出努力。2012年,在西溪湿地景区河渚街设立了杭州西溪贵山窑陶瓷艺术馆、传习所和杭州贵埴文化艺术有限公司。2013年,向全国招徒学艺,有5名学生入驻河渚街,

嵇锡贵在向学生传授技艺

使越窑青瓷制作后继有人。另外,西湖区还以举办越窑青瓷研究成果展示
及其学术研讨会,定期编辑发布越窑青瓷造型装饰保护研究信息等,在继
承越窑青瓷传统工艺基础上,结合现代审美需求发展越窑青瓷的设计,保
证活态传承。

　　嵇锡贵为第四批国家级非物质文化遗产越窑青瓷烧制技艺代表性
传承人,她的作品以陶瓷装饰见长,功力深厚,风格多样,精巧瑰丽,多次
作为国家礼品被赠送给国外元首及嘉宾。她还参与过中南海毛主席用瓷
釉下彩"梅竹"成套餐具(7501餐具)、毛主席纪念堂陈设瓷及上海锦江
宾馆国外元首餐具"麦浪滚滚"设计制作等。还受邀到北京,在中南海紫
光阁受到中央领导的接见,并被授予中国工艺美术大师称号。

　　她的作品被中国工艺美术珍宝馆、中国国家博物馆、浙江省博物馆收藏,从艺经历曾被中央电视台《东方之子》栏目拍摄专题片,出版《嵇锡贵郭琳山陶瓷艺术》《中国工艺美术大师全集·嵇锡贵卷》。

(编者:天仁)

振兴祥中式服装制作技艺：传承与创新

1992 年，中央电视台在中国香港举办了"中国历代旗袍表演展"。

T 台上，模特千姿百态，身着五彩缤纷的旗袍，或雍容华贵，或贤淑娴静，或端庄大方，引来摄影记者们"长枪短炮"的"疯狂扫射"和现场宾客的啧啧赞叹。

多少女子，都梦想有一袭华美的旗袍，得体地穿在身上，风姿绰约，尽显妖娆。就像有一段随心的爱情一样，舒适地存在着，亦是一种安然。旗袍是安静的，无论你是多么活泼的女子，只要穿上旗袍，就会慢慢地静下来，它给你带来的满足与心安，会让你充满自信，充满妖媚，充满诱惑。女

西湖新十景旗袍

彩色烂花绒连袖加长旗袍

真丝重绉手绣牡丹短袖加长旗袍

人穿上旗袍显得又高贵又端庄，分外地吸引人。旗袍是突显中国女性气质的服装，是中国女性的象征之一，蕴含着一种独特的中国文化。

中央电视台因主办"中国历代旗袍表演展"急需制作一大批旗袍，国内一些名气颇大的老字号都望而却步，婉言谢绝。一时竟找不到合适的厂家，经办人辗转打听，终于找到杭州的利民中式服装厂。

此时正值第五代传人童金感任厂长，他二话没说，毅然接下这个重任，组织精兵强将，为中央电视台赶制86套表演展示专用的旗袍及与之配套的头饰、首饰、道具。这些旗袍既要原汁原味展现从近代到现当代不同历史时期的演变轨迹，又要反映旗袍在婚庆、社交礼仪、日常生活等不同场合应用时的不同风格和款式，其难度之大，可以想见。不过，这也是一次展示企业实力的极佳机会，这家老字号果然不负众望，出色完成了这批旗袍的制作。表演团正是凭借利民中式服装厂精心制作的旗袍，才会在香港引起空前轰动。

服饰，是中华传统文化的一个重要组成部分。古人云，衣食住行，"衣"赫然放在"民以食为天"的"食"的前面，可见服饰的重要。

民间有一种生活常识，许多来自各地的人混杂在一起，你要把他们区别开来，只要看看他们的服饰有什么区别就可以了。在世界各国创业的中华儿女往往西装革履，不过一到春节、中秋这样一些传统节日，他们又总是会穿上中国的传统服装在一起庆贺。此时中式服装就成了他们思念祖国、认祖归宗的一种最好的手段。

传统的中式服装正在受到越来越多人的热切关注。众所周知，中式服装吸收和传承了中华民族数千年服饰文化的精髓，大致形成了以"大襟、立领、一字扣、镶、嵌、滚、宕、盘、钉、勾、绣"为主要特征，具有一整套鲜明中华民族风格的手工技艺，一般以丝绸为面料，经裁剪缝制，形成旗袍、长衫、马褂、中式套装、丝绵袄等一系列产品。

而在杭州的上城区一带，清末民初以来就有好多家颇具盛名的前店后工场的成衣铺，每家都有一百多年的历史，且各有所长，翁泰校在吴山路开设的振兴祥成衣铺就是其中一家。

振兴祥中式服装制作技艺——盘扣

振兴祥中式服装制作技艺——盘扣

1956年公私合营。1971年许多小的合作社合并,挂出了"利民中式服装厂"的招牌。该厂云集杭城服装业的一大批精英,由振兴祥中式服装制作技艺的第四代传人王兰英出任厂长。利民中式服装厂集各家之长,融会贯通,故形成了一整套全面高超的中式服装制作技艺。

改革开放以后,这家老字号犹如枯木逢春,出现了蓬勃繁荣的新景象。"利民"也就成了经典中式服装的同义词,以至于有媒体报导称:"世界上凡是有华人聚居的国家,都有'利民'的服装。"

振兴祥中式服装制作技艺从翁泰校的师傅金德富开始,以师傅带徒弟的形式,经陈炳祥、王兰英、童金感,口口相传至今,又传到了现任厂长包文其。

包文其,20世纪70年代至80年代中期在杭州天水丝织厂,通过不断地学习,熟练掌握了丝绸和服装生产的各道工序及生产关键,特别对丝绸面料的组织、染色及面料在服装生产中的物理性能等有比较深刻的了解。80年代中期至90年代初期,在杭州市丝绸控股集团公司,从事丝绸和服装的生产技术工作,刻苦钻研并经常向老师傅请教,熟练掌握了服装生产的各道工序及技术关键,负责解决服装生产中的各种技术问题。90年代初期至今,他一直在杭州利民中式服装厂,主持中式服装的生产及技

国家级传承人包文其在指导学徒裁剪

术管理，是把"振兴祥"事业推上了一个新台阶的第六代传人。

1997年，利民厂代表中国服饰，参加电视纪录片《中日韩三国服饰文化交流》的拍摄，通过荧屏把"振兴祥中式服装制作技艺"这一瑰宝展现在世人面前。

2000年，利民的中式改良旗袍一举获得中国国际设计与丝绸博览会金奖。

2002年，博鳌亚洲论坛首届年会在海南召开，出席会议的朱镕基总理和20多个国家与地区领导人所穿的"博鳌中华衫"，正是利民中式服装厂独家产品。

2008年，在举世瞩目的北京奥运会上，利民中式服装厂为奥组委设计制作了"青花瓷"和"粉色"两个系列六个款式近两百套颁奖礼仪服。这些服饰一经亮相，顿时艳压全场。尤其是"青花瓷"系列，被媒体誉为"会行走的中国瓷器"，成为奥运会上一道赏心悦目的风景。"振兴祥"这块金字招牌，自然也就愈加响亮起来。

利民中式服装厂曾为许多名人定制过服装：如为陈云夫妇制作九霞缎丝绵袄及丝绵背心；为陈香梅、马季、姚明等名人定制各种中式套装；制作了2008年胡锦涛同志为各国政要举办国宴时的茶道表演服。

振兴祥中式服装制作技艺的传承,历来是以师带徒,口传心授。其工艺流程主要包括款式构思、量度尺寸、选面料、裁剪、缝制、订扣、整烫等环节。

"振兴祥"十分强调量身定做,个性化制作。顾客上门,先要与其聊天,了解其身份年龄、性格爱好、气质特点、身材特征和服装穿着的场合与用途,然后精心构思,扬长避短,用行内的话来说,要使三分人才通过七分打扮来达到十分的效果。据说,款式构思的技师一般要在老师傅边上耳濡目染,经受三五年的熏陶方能胜任。此中奥秘,往往只可意会而不可言传。

量度尺寸必不可少,而高明的技师往往有目测的本领,不用尺子,通过目光即可做出准确判断,而后量度,又必须态度谦恭,手脚麻利,一量即准,不差毫厘。

制作振兴祥中式服装,非高档的杭州丝绸不用。纹饰中,往往以传统的吉祥如意图案为主,诸如龙凤麒麟、仙鹤百鸟、梅兰竹菊、八宝八仙、福禄寿喜等,均在其中。旗袍的图案取材则更为广泛。

裁剪也有不少规矩,比如图案纹饰方位不可颠倒就是一例。图案颠倒是一大忌,也是这个行业的规矩。裁剪通常又分大裁、小裁、锁壳裁、对花裁等,每个环节都要非常小心才是。

缝制服装的技法甚多,包括镶、嵌、滚、宕、盘、钉、勾、绣等。一件成衣完成,外观浑然天成,要看不出一点针头线脚,技艺之精湛由此可见一斑。其中的"盘扣"一项,往往让人拍手叫绝。这是将一条细长的缎带有意识地回旋缠绕,构成各种纹饰图案,再用灌针缝制在旗袍上。既是纽扣,有实用价值,又是装饰图案,千变万化,巧夺天工。盘扣不能拼接,不能重叠,务必大小均匀,比例适当。其中别出心裁的匠心和灵活娴熟的手法缺一不可。

在现代化进程中,大凡传统手工技艺,都面临着严峻考验,振兴祥中式服装制作技艺也不例外。一方面,当代社会服饰的多样化、个性化、西化的趋势是众所周知的;另一方面,服饰生产中的机械化进程也在不断加速。凡此种种,都对中式服装的个性化生产造成冲击。中式服装的手工制作技艺如此繁复,制作成本如此高昂,在市场化的激烈竞争中很难立足。许多年轻人出于利益的考虑,纷纷跳槽,不再安心此行。中式服装的手工制作产量极少,无法面对大众,以至于影响到它自身的生存,这是许多人早已看到了的难以走出的瓶颈。

自从1995年从丝绸公司调到"利民",包文其带领全体职工一直支撑着这家厂。很多人曾劝过他,"姿态不要那么高了",料子用得省一点,价格低一点,几百块的旗袍买的人肯定多。但他的"杭铁头"精神很硬,永远都是品质至上。

小到一个拉链,他都要用最好的牌子,价钱是普通拉链的 10 倍。店里的旗袍,不是手绣,就是手推绣,成本极高。面料选了重绉面料(真丝面料的一种),因为加厚,成本又高了,但是,更垂不易皱,他就觉得值。

2011 年,振兴祥中式服装制作技艺入选第三批国家级非物质文化遗产名录。包文其被评为振兴祥中式服装制作技艺国家级非物质文化遗产项目代表性传承人。

2015 年 12 月,在杭州闹市区青年路 50-3 号,百年老字号"振兴祥 1897"新店开张了,这也是传承与创新的新起点。

包文其有一个心愿:办一个"中国历代服饰博物馆",集中展示中式服饰文化。走进新店,一股浓浓的复古风迎面扑来:老式的花格窗,木制回旋楼梯、天花板上挂满了 20 世纪 30 年代的旗袍美女照,穿梭其间的是穿旗袍或大褂的服务员……让人一下子仿佛穿越到了民国时期。

这个微型的中式服装博物馆陈列了不少老古董、老物件,供市民免费参观。入口处,落地玻璃窗内陈列着一套绣花的宫廷礼服。

"这可是件宝贝,花了我们工人 2 个多月的时间才完成,光绣工刺绣就用了 1 个多月,用到了镶、嵌、滚、宕等一系列中式服装制作的技艺。"

像这样的宝贝,还不在少数。一楼北面靠墙处,还有一件 20 世纪 30 年代的女式旗袍、一件复古的男士长衫马褂,这都是老包从老主顾那里要过来的,代表了当时中式服装制作的最高水平。

还有一件大红色的"格格服",是 10 多年前《还珠格格》最红火的时候,由"振兴祥"的老师傅仿制的,跟小燕子身上穿的一般无二。

此外,店内仿照博物馆的做法,用玻璃罩罩着很多制作中式服装的老物件,包括量衣服的直尺、糨糊碗、刮浆刀、粉线袋、火熨斗等,难得一见。这里不定期地举办现场技艺秀,请老师傅现场制作中式服装,还举办文化讲座、沙龙等,传播中式服装文化。

2017 年包文其交班了,把这家我国历史上完整保留至今从未间断过的中式服装生产老字号,传给了文气清秀的 90 后女儿包蕾妍。

包蕾妍,鹅蛋脸,长发扎起,盘了一个古典的发髻,穿着文艺青年标志性的藏青长裙,小包的气质和自家的品牌很是契合。小包的微信头像,就是一张穿旗袍的照片。

她说:"旗袍本就是传统的东西,不管怎么改变它,总归有老的东西在里面,这就是精髓。虽然这两年还蛮流行旗袍的,多了很多新型的改良式旗袍,但我们还是始终专注在传统旗袍上,传统不能丢,丢掉了,整个韵味都变掉了。我一直想的是,如何保留传统的韵味,又能把新式的东西融合进去,这是我们想发展的一块。比如,传统款式不能抛掉——立领,一字扣,大襟,但用的花色和布料可以创新,比如有一些现代图案的印花……"

她走到二楼,换上一件深色烂花绒旗袍,照了照镜子。"我并不觉得这是妈妈辈穿的东西,它也可以穿得很时尚,而且舒适。有的人觉得旗袍只有特殊场合才能穿,其实很多旗袍就是日常穿的,特别像这种夏天的短旗袍。你可以把它当作一件夏天的连衣裙,真丝很透气,夏天穿很凉快。我们做的旗袍版型,看起来很修身,但穿在身上不会有束缚感,上班和出去玩,都没问题。"

第七代传人的包蕾妍将把国家级非物质文化遗产名录振兴祥中式服装制作技艺的故事延续下去……

(作者:许柳雅、沈志荣)

千载文明"活化石",百年"绝响"续余音

——杭州雕版印刷技艺的历史溯源与传承现状

杭州雕版印刷技艺历史悠久,被誉为印刷史上"活化石"。追溯它的起源之前,我们先把视线放在遥远的千年古都西安。那里有一座举世闻名的碑石宝库——西安碑林博物馆,馆内碑石丛立如林、蔚为壮观。古人言"文章千古事",把文字刻在石头上,先贤的思想精华才能永恒流传下来。但因石碑不能随身携带,聪明的先人们又发明了拓印。此后,随着宗教传播和科举制的出现,对特定文献的多次复制需求增强,基于拓印和篆刻技

清代雕刻印版

术,雕版印刷应运而生。

雕版印刷的历史沿革

明代学者胡应麟说:"雕本肇自隋时,行于唐世,扩于五代,精于宋人。"这句话概述了雕版印刷的起源和发展。

1. 源起:石刻拓印智慧的延续

杭州雕版印刷技艺源起于隋代末期。探究雕版印刷之滥觞,不得不提及"拓印"。在雕版印刷技艺发明之前,石刻是重要的典籍记录手段,随后人们发明了"拓印",出现了"碑帖",但因石刻太过沉重,不能大量生产制作,于是开始转向使用木版,可以说,正是"拓印"技术启发了雕版印刷的雏形。

不同于石刻"拓印",雕版印刷成品反而字正,更加方便阅读,不仅给传播带来了革命性的变化,更促进了大众传播时代的到来,正如维克多·雨果所说:"印刷术是世界上最伟大的发明"。

2. 兴盛:杭州雕版印刷的辉煌

五代时期,杭州的雕版印刷业已初具规模。宋时,经济重心南移,江浙成为全国经济最发达地区,经济发展带动了文化的繁荣,雕版印刷技术达到鼎盛,加之宋室衣冠南渡、科举兴盛,更加刺激了临安(杭州)雕版印刷业的繁荣。当时的临安(杭州),官刻与私刻并举,中央政府、地方官府、寺院、私家和书坊都从事雕版印刷,其产业之兴盛甚至催生了盗版。

南宋时期,著名文学家洪迈所著的《容斋续笔》序文中就曾经记载过这样一则有趣的小故事:"淳熙十四年八月在禁林日,入侍至尊寿皇圣帝清闲之燕,圣语忽云:'近见甚斋随笔。'迈竦而对曰:'是臣所著《容斋随笔》,无足采者。'"说的就是洪迈有一次参加宋孝宗的宴会,孝宗说:"最近看了一部《甚斋随笔》。"洪迈惊慌道:"是臣所著的《容斋随笔》,写得不怎么样。"后来,洪迈出来询问他人才知道,此书是盗版书商所做,又被宫人买去呈献给了皇帝。最后他不无自嘲地感叹"书生遭遇,可谓至荣",甚至还写进了序里。

叶梦得在《石林燕语》中曾曰:"今天下印书,以杭州为上,蜀本次之,福建最下。"宋时,国子监有大批书籍都交付杭州刻书;地方官府亦有刻书,如元丰末、元祐初的《龙龛手鉴》;私人刻本有陈氏万卷堂刊刻的《史记》、钱塘颜氏刻《战国策》、李永用章刻《韩诗外传》等;经坊刻本有《妙法华严经》《妙法莲华经》《大方广佛华严经》等,杭州雕版印刷业的辉煌可见一斑。

3. 高峰:精湛的雕版印刷技艺

南宋以降,雕版印刷技艺有了深入的发展。元代,随着纸币发行和戏曲的兴起,雕版印刷技艺还常运用于戏本的刊印和中统钞的印制。

明代是中国古代印刷发展的高峰,其间最为突出就是"饾版""拱花"技艺的出现。所谓"饾版",就是分色、分版的套印方法,通过分色套印使得印品在色彩、层次与韵味上有了更多的变化。所谓"拱花",就是一种不着墨的印刷方法,以凸出或凹陷的线条来表现花纹,类似现代的凹凸印、浮雕印。通过拱花技术的运用,增强印品的趣味性与感染力。饾版、拱花结合的代表作就是明代万历年间徽州人胡正言与刻工汪楷配合完成的《十竹斋笺谱》和《十竹斋书画谱》。

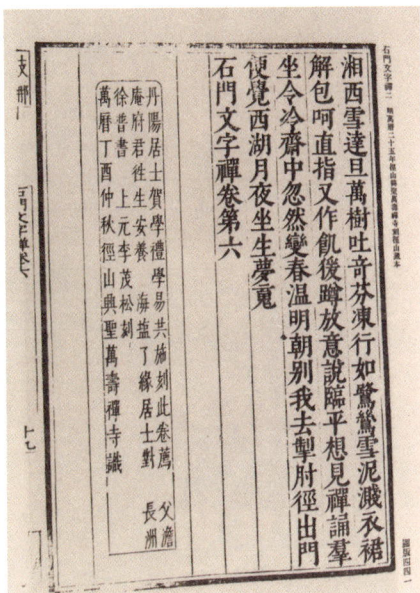

明余杭径山寺刻本

4. 重生:技艺的保护与传承

雕版印刷过程

学生参观杭州雕版印刷

清末，随着西方现代印刷技术和设备进入中国，传统的雕版印刷技艺因手工技术繁杂、成书速度较慢、色彩单一而逐渐被取代。民国时期，铅字印刷业兴起，传统的雕版印刷技艺仅限于典籍的刻印。

1957年，中央美术学院华东分院（现中国美术学院）成立水印工厂，翻刻和复制传统雕版印品，不仅培养了第一代传承人，还培养了徐银森、王刚、陈正尧、郁忠明、俞弘、陈品超、杨其德、李华、施维、陈庆淳、黄小辉、黄小建、陈见、雷达、钱小平、吴国鹰、陈瑜等一大批第二、三代的雕版印刷艺人。该厂后于20世纪90年代解散。

美院水印工厂解散后，在多数艺人停刀转行的情况下，黄小建仍坚持传承雕版技艺，钻研木版水印技术，并成功重现了绝迹已久的饾版、拱花技术。2011年，在西湖区文广新局推荐下，"杭州雕版印刷技艺"作为"雕版印刷技艺"扩展项目被列入国家级非物质文化遗产代表作名录。2018年，黄小建被认定为第五批国家级非物质文化遗产代表性项目代表性传人。这项古老的技艺也得到了良好的继承和保护。

六角楼里的"纸上传奇"

从宝石二路上山，隐掩在一片现代化小区房之后的是几幢风格鲜明的欧式建筑，此处就是大名鼎鼎的浙医二院前身——广济医院松木场分院旧址，今天的桃园新村小区。在5幢的六角楼中，住着西湖区"杭州雕版印刷技艺"国家级非物质文化遗产代表性传承人黄小建。在不到20平方米的工作室内,他用毕生的心血演绎着他与雕版印刷不解的情缘。

黄小建,1953年出生于浙江杭州,1978年进入浙江美术学院(现中国美术学院)水印工厂工作,开始接触雕版印刷这个行当,师承张耕源、徐银森等老师。由于市场不景气等,20世纪90年代水印工厂解散,黄小建也被分流到了美院专门采购笔墨纸砚的部门。出于不想荒废了手艺的考虑,他不断辗转于江苏等地,去找有经验的师傅学艺,并在自己六角楼内小小的工作室里钻研着雕版印刷的技艺。2006年某日,一次偶然的机会,他看到了一本《北平笺谱》,发现了由失传已久的饾版、拱花制作而成

杭州雕版印刷术传承人黄小建

黄小建向学生传授雕版技艺

的作品,萌发了恢复饾版、拱花技艺的想法。通过十余年的努力,反复的尝试,他终于重现了这一绝技。

饾版、拱花技艺中的"拱花",能使得原本平面纸张呈现浅浮雕的效果,使作品更具层次感,给作品增添一份雅趣。恢复之初十分艰难。在明清期间绝迹之后,记载拱花技艺的文献资料寥寥无几,实物作品也是偶有得见,更谈不上有人会了。但出于喜爱也罢,出于使命也罢,黄小建一直未曾放弃对拱花的探究与追寻,最终他在拓印上找到了灵感,并借鉴拓印的方法成功恢复了拱花技艺。饾版技艺是分色套印的方法,相对于拱花而言,留存的文献和实物较多,但多色套印的位置不能有丝毫的偏差,仍需拥有熟稔的技巧方能操作。黄小建经过多年的苦练,他的作品终于臻于完美。

而今,黄小建是国内能完全掌握饾版、拱花技艺的极少数人之一。就像出神入化的魔术一样,不可思议、变幻莫测的效果背后只是简单的原理,饾版、拱花的谜底揭开,也许每个人都会一下子恍然大悟,但真正难的是他们日思夜想的巧妙设计,难的是他们日复一日的勤学苦练。每一张作品背后都凝结着传承人巨大的付出和心血,实属不易。当走进黄小建的工作室后,你也许会惊叹于场地的狭小与杂乱,唯有心无旁骛的人,方能几十年如一日地在这一方小小的天地里钻研,从而将杭州雕版印刷技艺发扬光大。

印刷术作为中国古代四大发明之一,有着悠久的历史和深厚的内涵。杭州雕版印刷技艺的文化传承与保护任重而道远,既需要像黄小建这样一代又一代传承人的不懈努力,更需要广大群众不断地普及与弘扬,唯有此,杭州雕版印刷技艺才能代代相传,走向更加广阔与灿烂的明天。

(作者:洪烨丹、周小红)

桐庐剪纸：目之所至，手吐霓虹

　　1700多年前，桐庐傍水而生，依山而成。静静流淌着的富春江，承载着文人墨客留下的豪情壮志，穿越繁华喧嚣，迤逦而至。元代大画家黄公望不曾想到，当年挥毫泼墨，极尽胸臆留下的《富春山居图》会以剪纸长卷的形式又一次备受瞩目；严子陵老人也不会知晓，自己手中这一丈渔线会在刀剪之下成为民间美术作品，走进千家万户。桐庐，洗尽铅华后，留下的山山水水、人文故事，都成为今天桐庐剪纸的繁衍沃土，哼着世间百态的悠悠小曲，遗世而独立。

桐庐民间剪纸：百岁老太的剪纸梦

手工剪纸

桐庐百姓对剪纸的热爱和推崇可以追溯到五代十国，虽然当时的文献记载有限，但根据《武林梵志》对杭州剪纸盛况的概述，桐庐剪纸的情况也可见一斑。剪个窗花，贴个彩字，抑或是做个彩纸人马……当时家家户户就已十分流行剪纸，但凡遇到嫁娶、祭祀、节庆，都少不了用剪纸装点。江南社火的灯彩花、婚嫁节庆的喜花礼花、求神祭祖的祭祀花，都伴随着春节、元宵、清明、冬至各个节气及各种民俗活动，品种繁多，五花八门，应有尽有。到了宋代，民间剪纸技艺不仅达到了精妙绝伦、出神入化的境界，更成为一种盛行的行业。《武林旧事》中记载，当时杭州的剪纸手工劳动者已经应运而生，有多达170多种剪法门类，有剪字的，有剪镞花样的，还有镞影戏的……种类繁多，技法不俗。

到了明清，文献资料的大量增多见证了桐庐剪纸的大发展和大繁荣，吃穿住行用，桐庐百姓以纸寄情，将剪纸融入生活的点滴。嫁娶迎礼之日，吹起鼓号，支起灯笼，贴上红字剪纸，然后热热闹闹地起轿送新娘；亲友亡故，送殓入棺，设灵七日，也必定要撒纸钱以寄哀思；民俗活动中的各种龙灯竹马上，也能看到精美的剪纸作品，作为装饰，绚丽多彩；清明前后十日，祭祖上坟时，也少不了在坟前挂上纸钱……还有更多的窗花、礼花、衣饰花、喜花和寿花等，当时的剪纸，已成为桐庐女孩子的成长过程中必须要掌握的生活技艺。

　　至清末民初，百姓生活中剪纸用品的需求量与日俱增，各种专业的剪纸店坊应运而生。桐庐镇有"庆云斋"，横村镇也有多家纸作店出现，销售剪纸品，也传承剪纸技艺。著名画家叶浅予在他的《老笔忆童年——纸扎活》中写了"送灶做纸轿"，这是当地的剪纸民俗活动之一。旧时农历十二月二十四日晚送灶，穷人家买一张木版印刷的神马，用作送灶，而富人家则买上一座用彩色剪纸制作的纸轿，以示隆重。此外，横村镇每年农历三月初八举行盛大庙会，初三为修禊之日，俗称"上春福"，会在广场上搭建敞篷，在上方贴上一种长方形的门笺，长丈余，剪有"暗八仙"及流苏、装修纹样，并由道士做法事一天。

　　此外，桐庐形成了独具特色的地方灯彩。盏盏彩灯上，张贴着各式纸作，或人物，或花草，或山水，热闹非凡。夹贴在各种灯彩上的"灯花"，以整齐、匀称的纹样及历史故事、戏曲人物居多。桐庐莪山乡的中门大灯，新合乡的板龙、大马等多用剪纸点缀，家家户户参与其中。

　　时光流转，传统日复一日地延续，中华人民共和国成立后，人们的生活方式悄悄发生着改变。生产力发展了，与之而来的，是带有迷信色彩的民俗活动的淡化。寻常的衣食住行中，改变悄然而至。不少带有迷信色彩的剪纸随之消失，桐庐民间剪纸开始从原生态的各种红白喜事的喜纸、礼花、寿花，一些简单的花卉瓜果、飞禽走兽、吉祥图案等慢慢拓展为山水、建筑、人物、故事等，与时俱进，更贴近生活。

手工剪纸

如今的桐庐剪纸不仅内容更为丰富，表现形式更为巧妙，作用也更为广泛。作为浙江仅有的三项国家级剪纸项目之一，桐庐剪纸因自身独特的地理位置和人文故事而独具一格。它不同于浦江的戏曲剪纸以花鸟动物和戏剧人物为主，而是多采用山水风景和民间故事等，囊括了百姓生活的方方面面，反映人们的喜怒哀乐。在形式上也有别于乐清的细纹刻纸。桐庐剪纸吸收了北方粗犷凝练、高度概括的特点，也融入了江南的秀丽和纤细，作品粗中有细，细中带粗，粗细结合，阴阳互用，构图精美，语言丰富。表现手法充分运用谐音、象征、比喻、会意等，含蓄华丽，富有诗情画意，形成了"厚中见秀，玲珑剔透，含蓄华丽"的独特剪纸风格。在生产作用方面，桐庐剪纸从过去的注重实用，逐步提升为现代的装饰艺术，从传统的民间剪纸艺术中汲取艺术养分，丰富剪纸的语言。桐庐剪纸有方、圆，有规则、不规则，有对称、不对称，有单色，也有套色、染色，而且花中套花，方圆结合，从过去零星的各种民俗剪纸，整合为完整的艺术品。在当代，还将年画、版画、书法、拼贴等艺术元素有机结合，增强了视觉冲击力，极具装饰性。作为艺术作品，桐庐剪纸的观赏价值和收藏价值也不可小觑。

桐庐山水养育一方剪纸匠人。桐庐的青山秀水催生了剪纸人的热情，他们将对大自然的情愫、对家乡和对生活的热爱，抒发在纸上，倾注于刀剪之端，创作了许多剪纸作品。剪纸艺术家胡家芝先生，以114岁的高龄谢世，她经历了三个世纪，剪了三个世纪，创造了民间艺术家从艺生涯的奇迹；著名

喜（胡家芝作品）

潇洒桐庐(朱维桢、刘莲花作品)

美术史论家王伯敏先生定居桐庐,在剪纸艺术之乡编写了《中国民间剪纸史》,鸿篇巨制,蔚为大观;8岁起随父学剪纸的谢玉霞老师,完成了桐庐山水剪纸从无到有,从有到精的过渡,确立了山水剪纸这一流派在全国剪纸中的地位。而后,桐庐还涌现出了朱维桢、王德林、华金娟、刘莲花、章维勇等一大批当代剪纸艺术家,这一波领军人物扛起了剪纸艺术大发展的标杆,指引了前进的航向。

　　谢玉霞自小喜欢剪纸,从8岁就开始跟随在太和师范学院当美术教师的父亲学习美术剪纸,并逐渐从单纯的兴趣爱好升华到了艺术创作。她借鉴国画、木刻和民间美术的表现手法,从单色剪纸,发展到套色、染色、

富春江水电站（谢玉霞作品）

斗色剪纸等。20世纪80年代，她开始以桐庐山水为题材创作剪纸作品，几经周折创作了《新安江电站》，到1996年，"春江系列"获中国民间工艺美术展金奖，谢玉霞确立了山水剪纸这一流派在全国剪纸中的地位。2004年，她同女儿合作创作的"西湖风景"系列（又名《西湖天下景》），唯美清新，线条柔和，获得杭州市百名画家画杭州展银奖，2007年入选文化部与中国非物质文化遗产保护中心举办的"中国民间剪纸艺术大师作品展"。

而后涌现的一批当代剪纸艺术家，也不约而同地选择山水风景作为创作主题。朱维桢创作了《桐城新貌》《钓台怀古》《瑶琳仙境》等富春

江风光系列，桐庐的山山水水、自然风貌跃然纸上；华金娟则以流传在这方山水的民间故事为题材，如《鲥鱼姑娘》《子陵鱼》《七里扬帆》等，别开生面；章维勇没有绕过山水剪纸，他创作了《芦茨风光》；还有刘莲花的《新西湖三十景》和《潇洒桐庐》剪纸系列等。《新西湖三十景》在第三届中国浙江工艺美术精品博览会获金奖，成为桐庐剪纸在工艺美术行业评比中获得的最高奖项。

王德林的剪纸作品也不可小觑，他和朱维桢、华金娟等人历经半载合作完成了长达 18 米的《新富春山居图》和 16 米的巨幅《富春山居图》剪纸长卷。其中《新富春山居图》剪纸长卷，取材于富春江秀美景色，始于钱塘江大桥，溯江而上，落笔于梅城，并以黄公望的《富春山居图》、叶浅予的《富春山居新图》及陈界的《富春山居剪纸图》等其他名家的作品为参考，通过多次讨论研究，形成素描创作稿，转变剪纸创作黑白稿，最终剪纸成卷。作品全长 18 米、宽 40 厘米，描绘了江南的富春江两岸的秀丽景色，峰峦叠翠，松石挺秀，云山烟树，沙汀村舍，布局疏密有致，变幻无穷。两幅长卷曾于 2011 年赴台湾地区展出交流，展出过程中受到了台湾人民的一致好评，并应邀于 2012 年赴奥地利联合国办事处展出。

早年，每当年关前，家家户户都会摊一叠红纸，放一杯热茶，聚在院中剪纸。双手爬满了老茧和皱纹也无妨，握着剪刀，照样手生莲花。桐庐剪纸，承载着百姓最原始的美好愿景，从点滴生活中走来，迈过千年。如今，正以全新的姿态，生机勃勃地走向繁荣。一把剪刀，几张红纸，随心转动，目之所至，手吐霓虹。

（作者：王莹欣）

萧山花边难以割舍的情怀

美丽的萧山花边以设计精巧、构图精致、绣制技艺精湛的特点，畅销60多个国家和地区，深受广大消费者尤其是女性朋友的喜爱。

早在20世纪之初，萧山东部地区坎山一带，因老百姓擅长植棉织布、

单幅花边——中国结（全光泉作品）

养蚕缫丝,成为浙江颇具影响的桑蚕之乡及丝茧和棉花的集散之地。上海商人徐方卿便于 1919 年携四位女教徒找到这里,组织了首批 24 名女性,传授挑花技艺,并在坎山镇(今划并为瓜沥镇)开设了第一家花边厂——沪越花边厂,拥有女工四五百人,生产源于意大利威尼斯的手绣花边"万缕丝"。

挑花女工

从此,远道而来的西洋花边在萧山的土地上生根、发芽、开花、结果。有了花边,萧山的夜晚总是亮着无数盏昏黄的油灯,如繁星密布。灯光下,姑娘们一针一线全神贯注地挑绣花边,手起手落,沙沙沙的针线声如钱江潮水般作响。

1930 年,萧山已有花边厂 30 多家,挑花女工 2 万余人。或许,花边这项手工技艺原本就该属于这片土地,或许,这方水土上生长的女性天生就有如此聪慧巧手的灵性。短短 5 年间,挑花队伍迅速扩大,人数增至 4 万。最为重要的是,经过几年的摸索和努力,萧山出产的花边已初具自己的风格。针法由初时传入的几种,增加到十几种,规格从衣边、杯垫、小盘垫扩大到茶几套、发沙垫、台毯、床罩等,用 80/6 股细线制作的重工花边开始萌芽,结束了单一生产轻(粗)工花边的历史,图案也由先前在国外花边样稿里仿制,逐步发展到由本地打样师傅自行翻新设计,发展势头十分喜人。

中华人民共和国成立后,萧山的花边生产被纳入国家计划,产量连年攀升。1954年起,萧山各地相继成立花边专业社。久而久之,萧山成为花边的重点产地,"萧山花边"也随之得名。1959年,国家正式启用"萧山花边"这一名称。

1970年12月,萧山县花边联社和7家花边厂合并,建立了萧山花边总厂,拥有固定职工400余人,后增加到700多人。挑花女工遍及萧山全境,几乎家家户户都有挑花的女性。萧山女孩将原本花式简单、针法单调的欧式花边演绎得更加生动美丽,远远超过了原来万缕丝的技艺水准。渐渐地,商户们认准出产于萧山的花边,萧山花边的名气越来越大,达到了鼎盛。多达20万人的挑花队伍,个个心灵手巧,更值得一提的是,她们所创造的产品和财富使浙江省获得了第一枚国家优质产品金质奖,出口创汇1000万美元以上。之后又获得中国工艺美术金杯奖、首届中国北京国际博览会金奖和国家出口免检产品、部优产品、浙江省名牌产品等荣誉称号。

全光泉

作为萧山花边发祥地的坎山,素有七夕祭星乞巧的习俗,每逢农历七月初七,姑娘家都要祭星乞求手巧。花边生产当然是她们的拿手绝活。她们靠挑花挣学费,靠挑花挣嫁妆,靠挑花贴补家用……

在成千上万的挑花女中,戴水珍是其中最普通的一个,也是最幸运和最优秀的一个。

戴水珍出生在坎山三岔路村的一个普通的家庭,七个兄弟姐妹中排行最小,从小深受外婆、母亲和姐姐们的熏陶,真可谓是在挑花声中长大

戴水珍

的。五六岁时，小水珍就好奇地看大人们挑花，有时还会偷偷地模仿几针，但总被大人阻拦，生怕弄坏了花边，卖不出去而赔钱。但怎么也阻挡不了一向聪敏好学的小水珍学挑花边的激情。到了七八岁，她无论如何要上手学习。看着小孩的韧劲，大人也没了办法，只好自己边挑花边教几句，两不耽误。

外婆是一把好手，是第一代挑花女，擅长拼花。拼花是整个花边生产过程中的一个环节。萧山花边制作一般分图稿设计、样板刷配、手工挑绣、洗理整烫四道工序，20多个环节。拼花必须具有高超的挑花技艺，要掌握各种针法者才能胜任。通常挑一天的花大约能赚1元钱，拼花则能赚到1.5元钱，这在当时是十分可观的收入。

有外婆的手艺传教，母亲和姐姐们的技艺个个拿得出手，戴水珍当然也不例外。她喜欢花边的美丽，更喜欢花边一针一线的挑制技艺。自从学会一点儿后，花边就不离手了。上学的小书包里悄悄藏进一张花边，下课10分钟，她也要挑上一根线。寒暑假就更不用说了，常常像模像样地挑起花来，好胜的她还暗暗和大人比试。就这样，戴水珍从小练出了扎实的基本功。她的经历，在萧山挑花大军中只是一个缩影。

萧山花边不仅需要个人的绣制技艺，同时需要集体的智慧。一些大幅作品得由成百上千人共同挑织完成。1972年，为迎接美国总统尼克松访华，工人们为杭州萧山机场贵宾室绣制了大型西湖全景窗帘，高达6米，宽 18 米,用线 12 万支,手工挑绣达 3000 多万针,被基辛格博士称为"世界花边之冠"。

的确,萧山花边有其独到之处,称"世界花边之冠"并不为过。它青出于蓝而胜于蓝。当年从意大利舶来时的花边只有几种针法,在萧山传承发展后,传统针法就有 34 种,衍生的针法竟达七八十种。这可是一个了不起的突破性的发展传承。

经过设计、试样、戳样、开纸、刷样、折样、拷印、翻线、纡线、筒花、挑绣、整理、拼花、镶花、雕花、洗漂、整烫等环节后,一张花边才能完成。根据图案的疏密、用线的粗细、工针的不同,萧山花边可分为重工、中工、轻工、粗工四种工类。基本针法有实针、网眼、旁步、扣针、化三针等。每一种针法又有各种变化,创新出了许多不同的针法。例如,实针有绕实针、做光实针等,网眼有单针网眼、对针对网、网四针等,旁步有打子旁步、十字打子旁步、鱼鳞旁步、六脚旁步等。总之,萧山花边的手工技艺已达到炉火纯青的境地。产品有不同规格,共 1000 余种,不仅有杯盘垫、衣裙花边、拎包、工艺伞等小件类,也有床罩、被套、台毯、沙发套、坐垫等大件类。色泽有米色、白色、米黄,也有灰白和彩色。图案在原来只有花卉的基础上大有拓展,风景、虫鸟、文字甚至卡通造型均表达得淋漓尽致。

随着时代的发展,机织花边冲击市场,萧山花边曾经的 20 万挑花大军不复存在。挑一幅大型床罩需要 500 多万针,一个技术娴熟的挑花女工要花三年时间才能完工。这样的耐心和毅力,一般人是不具备的。然而,年逾五十的戴水珍依然坚守着经营半个多世纪、位于坎山的花边收发站,依然圆着她手绣花边的梦想和信念,依然延续着她手绣花边的满腔情怀。戴水珍为萧山花边付出了许许多多,也从萧山花边得到了许多许多。她的童年在花边中度过,她的青春在花边中绽放。因为花边,她与夫君周纪江相识相爱,并共同营造着花边的繁华世界。因为付出,她赢得了机会,收获了荣誉。2010 年,戴水珍以娴熟高超的技艺,代表浙江省在上海世博会上进行萧山花边技艺展示,博得中外游客的关注和好评。她所有针法得心应手,并独特创新,自创了十几种针法,将花边绣制中的各个环节,如挑、理、拼、镶、雕等多道工艺掌握运用得近乎完美。2011 年,在全国社区教育成果展、春雨工程——全国文化志愿者边疆行活动、全国文化博览会等全国性活动中,戴水珍全程赴展,并现场演示花边的挑绣技艺。除此之外,她的作品于 2010 年获杭州市优秀旅游纪念品金奖,2011 年获中国(义乌)文化博览会民间巧女大赛金奖,2012 年还赴西班牙展览。

年届 83 岁高龄的赵锡祥老师,则有更多的经历和故事,有更多的信

中国工艺大师、传承人赵锡祥绘制花边图案

念和情怀。他从另一个方面诠释着萧山花边的精美之处。他是从事花边事业 60 年之久的大师级艺人。1988 年便晋升为高级工艺美术师,同年 4 月被国家轻工部授予"中国工艺美术师"称号。系中国工艺美术学会理事、浙江省工艺美术学会常务理事兼抽纱专业组组长。赵大师设计的花边,构思新颖,内容丰富,图案灵动,针法多变,一幅幅虚实有致、层次分明的花边作品无论大小均耐人寻味,连续八次获得中国工艺美术大师作品暨国际博览会金奖。

高梅花、葛寒贞、戴士定、陈阿花、王月仙、蒋继卿、唐玉凤等都是挑花的佼佼者。六七十岁的她们直至今日依旧放不下手中的花边,那一针一线,串着生活,连着情感,一辈子无法情了。

一支笔,一张纸,一双慧眼;一枚针,一根线,一双巧手,这就是萧山花边的全部,前者是设计,后者是挑绣。两者默契配合,缺一不可。一百年来,萧山人用一颗耐心、恒心、匠心,使萧山花边从无到有,从简到精。一路风雨艰辛,一路自豪收获。2005 年萧山花边列入浙江省非物质文化遗产名录。同年,被中国工艺美术协会授予"中国花边之都"称号,2011 年,坎山镇被命名为中国民间文化艺术之乡。萧山花边,是萧山人民的一份极其宝贵的历史和文化财富。

（作者：夏雪勤）

梦回西陵，灯影阑珊
——西兴灯笼的千年轮回

西兴溯源

西兴地处钱塘江南岸，古称固陵、西陵，是全长250公里的浙东古运河的起点，也是一座有着千年历史的江南古镇。

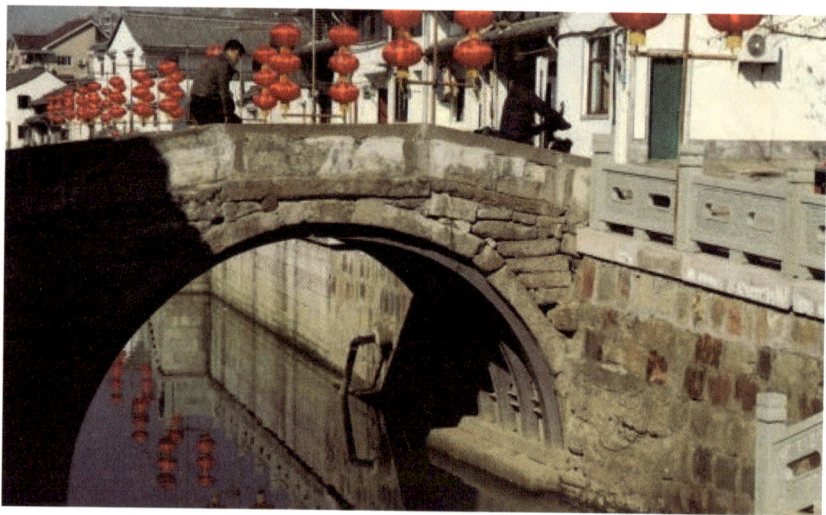

西兴古街

今年是改革开放四十周年，位于杭州市滨江高新技术开发区的西兴街道，历经千年的历史沉淀和现代改革步伐的跃进，已然成为杭州市跨江发展的高新技术产业基地，是将传统与现代融合、科技与文化融合的创新典范。

今日之西兴，高楼林立，产业密集，然而就在古运河的源头，依然可以见到一条960米长的西兴老街，作为历史街区被完好地保护了起来，成为杭州市著名的旅游景点之一。这条老街见证着西兴乃至杭州2000多年建城史的荣辱兴衰，诉说着往昔悠悠岁月的风雅旧梦。

早在春秋末期，美丽的西施在出嫁吴国的路上，途经固陵的妆亭，梳洗打扮后，才踏上吴国的土地，也因此留下了"妆亭古迹"的动人传说。唐代诗歌鼎盛，著名的"浙东唐诗之路"，也从西兴经过，前后曾有400多位唐代诗人到过西兴，并留下了大量歌咏佳作。李白"一生好入名山游"，到了西陵，便咏叹道："东海横秦望，西陵绕越台。湖清霜镜晓，涛白雪山来。"

到了近代，西兴水陆交通便利，设渡置驿后，成了商旅重镇，出现了"过塘行"这一承办货物过塘的商行。据说西兴鼎盛时期，商贩云集，坊肆栉比，不过二里长的老街，就有七十二爿半过塘行。晚清来又山诗曰："上船下船西陵渡，前纤后纤官道路。子夜人家寂静时，大叫一声'靠塘去'！"可见当时西兴过塘行生意之繁盛。

西兴灯笼由来

漫步在西兴老街上，可以看到保留完好的民国风貌建筑，除了各种铺子、茶馆、商行，还有一样拥有着千年历史的文化遗产——西兴灯笼。

自两宋时期取消宵禁后，城市歌舞升平昼夜不息，夜间照明工具便有了巨大的市场需求。据《萧山县志稿》记载，西兴灯笼始于南宋（公元950年左右），当时宫廷所用灯笼均出自西兴。民国时期鼎盛一时，一直到中华人民共和国成立前后，西兴街上仍有七家灯笼铺，从塔弄开始到日船埠头，分别是陈英记、王文盛、王钰钿、华良记、吴文裕、傅兴记、詹炳文。此外，还有为灯笼制作和收购如灯笼木底盘、铁丝芯架等配件的多家店铺。

旧时西兴不少乡民会趁冬季外出开办季节性灯笼店。大约是农历十月开始，手艺人带上一两千个灯笼壳子及相应材料，到淳安、建德、兰溪、湖州等地，为当地人做过年用的灯笼，生意红火时大年夜回家，也有人忙过了元宵节才回家。

民国《萧山县志稿》有载："灯笼，西兴相近各村妇女皆以此为生，有广壳、香圆、单丝、双丝、方圆、大小便行诸品，通销全省。"西兴多竹园，所栽的淡竹、杠竹，节长、肉厚、杆细、质韧，是制作灯笼骨架的好材料。西兴灯笼竹壳，一般都由家里的女劳动力手工完成，鼎盛时期也是家家妇女的一门手艺和副业。

制作工艺

第一步，劈竹丝。挑选上好的竹材，一手柴刀一手竹片，剖竹劈篾制成竹丝，一般选用夏履桥出产的淡竹，节长而肉厚，能劈出四层甚至六层蔑，再将他们分劈成丝，然后就可以编制圆鼓鼓的灯笼壳了。

编制灯壳

第二步，编灯笼。一个中型灯笼需要39根竹篾子，先浸水增加竹丝的韧性，起头之后连续编制，不得少根，若断了就再续上一根，然后收口，再去除多余的竹丝便大功告成。

第三步，糊灯笼。第一道，浸泡竹编灯壳，因为干掉之后的竹篾比较脆，容易断，浸泡之后能加强竹篾的韧性，便于竹编灯壳定型。第二道，灯壳定型，需要对浸泡好的灯壳进行量尺寸、拉伸、调整，

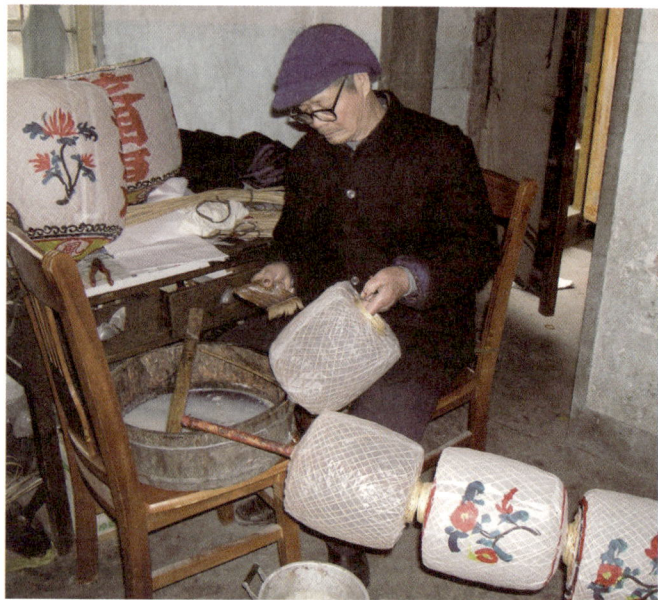

灯壳糊纸

有些不符合标准的灯壳,要对它进行拉口和修建,去掉原先灯壳上的一些毛刺。第三道,糊纸,首先要在灯壳上刷一层糯糊,然后将桃花纸包裹在灯壳外面,并进行收口,最后再刷上一层糯糊。第四道,晒干,将糊好纸的灯笼一个个串在竹竿上,然后晒干。第五道,灯笼上色,等晒干之后,就可以给灯笼上色,可以刷上红色的油漆,也可以在白底的灯笼上写上字或者画上图案。如果是需要长时间保存的灯笼,还会再涂抹一层桐油。第六道,上底盘,在颜料油墨已经干了的灯笼上安上底盘和铁丝灯架,一个西兴竹编灯笼就完成了。

西兴特有的竹编灯笼制作,还要在壳子上彩绘龙凤,或者剪贴姓氏,最简单的照明用灯笼也会写上福字。旧时姑娘出嫁,送嫁队伍的前后,一定会有人提着纸灯笼。花轿的轿杠上,也会挂上灯笼。灯笼上贴的就是夫家姓氏的剪纸。此外,旧习俗里最常见的就是写上堂号。堂号是旧时名门望族的称号,表明了祖上功勋业绩或是家中科举功名。每逢节庆,门前挂起书写有堂号的大红灯笼,代表了一个家族的光荣历史。

传承人

以前,西兴街上最多的店铺就是灯笼店。而现在走在西兴老街上,在古朴的民居中仍有悬挂着的手工灯笼,显得古色古香、别有韵味。

但是随着电力时代的到来,灯笼开始由单一的照明工具变为喜庆节日的装饰灯具,西兴灯笼逐步开始走向衰退,紧接着工业化批量生产的灯笼又进入市场,更是让制作精良、工艺复杂的西兴灯笼无力抵挡。如今,能完全掌握西兴灯笼制作工艺的,只有为数不多的几位老人,分布在西兴街道的马湖村和西陵社区。

夏阿三

不久前离世的老人夏阿三,是西兴街道马湖村村民,是当地远近闻名的灯笼名人。2008 年初,浙江省文化厅公示了浙江省首批非物质文化遗产项目代表性传承人名单,其中西兴灯笼的传承人中就有夏阿三。

夏阿三生于灯笼世家,从小就与西兴灯笼结下了不解之缘。

12 岁那年,夏阿三便随父亲到桐庐去当学徒工,父亲在那里开了家灯笼店,每天可以卖出 200 多盏灯笼。但到夏阿三 24 岁时,灯笼店因为生意凋敝关门歇业,他也回家开始务农。

直到 1978 年秋,足足 25 年之后,夏阿三才接到了一笔生意,做了几盏灯笼,挂到西湖中央的阮公墩上。从那个时候开始,西湖景区逢年过节挂上的灯笼中,有不少都出自夏阿三和其他西兴人之手。

2009年,当时80岁高龄的夏阿三告诉来访的记者,自己想找传人,将西兴灯笼发扬光大,然而直到离世,夏阿三仍未找到传人,原因也简单,一只灯笼卖10块钱,一年最多制作1000只,满打满算年收入不过10000,完全无法吸引年轻人。

俞吾泉

除了夏阿三,整个马湖村还有一个人会糊制灯笼,那就是83岁的俞吾泉老人。俞大爷也是省级非物质文化遗产代表性传承人,夏阿三老人去世后,整个马湖村真正的灯笼师傅也仅剩下他一人,他有着69年制作灯笼的手艺,人称"灯笼俞"。他14岁拜师,师傅詹校文世代专门编制灯笼、画灯笼画。学成后,自己独立门户做灯笼,由于手艺好,生意十分繁忙,也曾兴盛一时。2007年11月,俞吾泉也被评为浙江省非物质文化遗产项目代表性传承人。

蔡雪安

蔡雪安老人,是现如今西兴竹编灯笼中最年长的一位继承人,擅长糊制、绘制灯笼。以前他的父亲是做竹子生意的,自己也会做灯笼,他的二哥

传承人蔡雪安

也是做灯笼的手艺人。老人自己做灯笼已经有 25 年时间，退休之前是一位铁路工人，虽属于半路出家，但因为喜欢做灯笼，工作之余就喜欢看别人做灯笼，然后渐渐地开始一边工作一边学习灯笼的制作。

蔡雪安老人说现在社区里有专门编制灯壳的手艺人，他主要负责糊灯笼、给灯笼着色，但这里面也有大大小小很多道工序。

蔡师傅做灯笼的地方在西兴成人学校，一进院子就是满满的古色古香味，作为非遗传承人，蔡师傅常常会在大院里开课，教小朋友们糊灯笼画灯笼，其中，滨江区丹枫小学作为西兴竹编灯笼的传承教学基地，就有蔡师傅亲自授课的身影，让更多的小朋友接触灯笼、学习灯笼、喜爱灯笼。

非遗传承保护

近年来，西兴能编制灯笼的只有为数不多的几位老者，约 50 人，后继无人，面临失传，相关部门对此已引起高度重视，积极从多方面入手保护这一文化遗产。2003 年以"西兴竹编灯笼"为题材改编的民间艺术广场舞在杭州市第三届"风雅颂"民间艺术广场展示会上荣获表演金奖、优秀音乐奖。2005 年西兴灯笼被列为杭州市民间文化艺术手工艺品保护项目，并列入浙江省非物质文化遗产名录。西兴街道还编印了《西兴灯笼

西兴灯笼

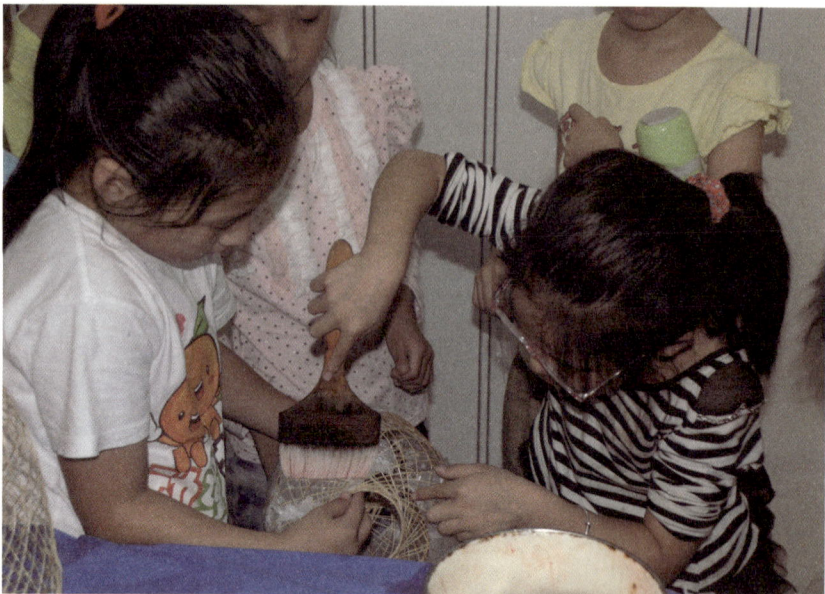

学习制作西兴灯笼

传统工艺与民俗文化传承》,作为中小学、成人培训的乡土教材。此项目已成为杭州市成人重点实验项目,并申报全国社区教育实验项目。西兴街道还通过开展培训班,广泛挖掘潜在人才,让更多的手工艺者学习制作灯笼。

目前,滨江区政府和西兴街道在灯笼保护中持续付出着大量的努力,2018年在丹枫小学挂牌成立了西兴竹编灯笼传承教学基地,并组建了灯笼社团,为学生们定期开展教学活动,并在位于白马湖创意园的天禾非遗文化艺术馆,筹建了西兴灯笼展示馆,通过灯笼展览展示和定期公益课程,宣传、保护灯笼文化。

非遗需要在保护中传承,在保护中发展,为此,滨江区政府还在积极探索灯笼与市场结合、灯笼与现代结合的路径,引入社会力量,传承并改进灯笼工艺,准备迎接西兴灯笼在当代的再次繁荣,让千年的灯笼重新焕发往日异彩。

（作者：王朝闻）

里商仁灯：从灯笼到灯龙

灯笼原本是常见的物件，自聪慧的先人发明它之后，从森森皇宫到

泱泱民间，从照明到赏玩，灯笼已然成为中国传统文化中艳丽的一笔。古时的灯笼或纸糊或纱拢，千百年来，一盏青焰将文人雅士和普通民众的情感串联起来。电灯普及后，灯笼便功成身退，被束之高阁，不再是家家户户的必需品。"千门开锁万灯明，正月中旬动帝京"，这样的壮阔场面，淳安里商村直到现在还能每年都见到一回。一到元宵节，商氏族人纷纷点上灯笼，汇聚到花厅开始一年一度的游村展示，光透过灯笼纸上细细密密的针眼，仔细一瞧，灯笼纸上花样繁复，

里商仁灯效果照

里商仁灯效果照

依稀还有宫灯的样子,这便是里商仁灯。

里商仁灯又称"里商花灯"。北宋中叶,中原留寓西夏人士商瑗从西夏归来,择青溪芝山(今淳安里商)居住。从此,商氏后人便在里商定居繁衍,并逐渐形成了村落。到了明正统十年(1445),商瑗第十二世裔孙商辂高中状元,入仕历经英宗、代宗、宪宗三朝,官至宰相。明朝成化十九年(1483),商辂七十大寿,宪宗皇帝敬其仁德,特赐宫灯百盏以示庆贺。商辂告老还乡后,这批宫灯随商辂一同回到里商,从此,灯笼便与淳安这小小的村子结下了不解之缘。

皇恩浩荡,商氏后人感念于心,同时也为缅怀商辂、彰显家族荣耀,他们在里商村中建起一座花厅,专门用于存放、展示皇帝御赐的宫灯,每年春节期间供族人瞻仰。到了清朝初期,商氏后人仿造御赐宫灯的样式制作了一批花灯,自此花灯不再拘泥于固定展示,而是从花厅走了出来。每逢春节,商氏族人都要提灯聚到花厅,举行集中巡游活动。到了清朝中期,巡游形式变得更加丰富而隆重,商氏族人不再用手提灯,改为将数盏花灯固定在长凳上,由各家出男丁扛在肩上完成巡游;此外,还增加了龙珠、龙头、龙尾和小虾灯等,完成了从灯笼到灯龙的转变。巡游时,由虾灯在前引路,灯龙在龙珠的引导下上下舞动紧随其后,浩浩荡荡绕村而行。

里商仁灯原是花灯,因商辂为人平粹简重,宽厚有容,力谏勤政,扶掖朝纲,一生功绩卓著,人称"一代贤相"。子曰:"夫仁者,己欲立而立人,己欲达而达人。"这正是商辂一生的写照,故名"里商仁灯"。

里商仁灯的雏形来自宫廷,有了这层底蕴,它的细致精巧,它的繁光缀天便成为必然,每每出游,流光飞舞。里商仁灯外形似八角柱,腰部内

里商仁灯

敛,周身四个大面、四个小面,并有灯头、灯尾、灯角,四个大面空白处细细密密的针眼烘托出"梅兰菊竹""寒鹊争梅""荷映红日""凤采牡丹""玲

珑古塔"等吉祥寓意的形象；四个小面亦是布满针眼，只留出"芝山雨露千秋""一年四季平安秋"等吉祥的字样不扎针眼，转折处有花边修饰。灯身根据图样不同，至少由三种颜色以上的棉纸糊成。骨架由薄篾片扎制，为保证仁灯身形轻巧，曲线流畅，篾片只取毛竹

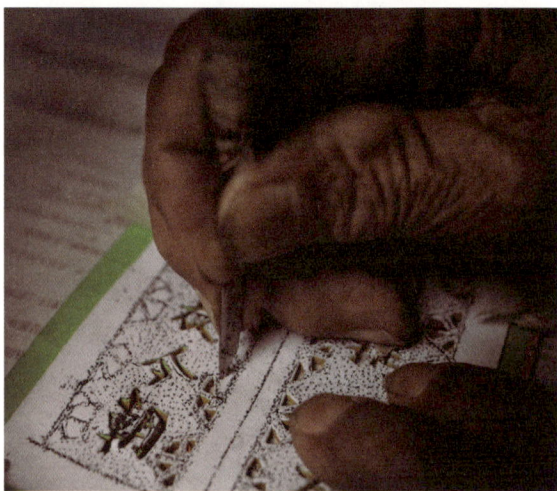

里商仁灯

青皮往内的头三层,厚度不超过 1 毫米。

　　每年的正月初三,商氏族人便开始做仁灯、虾灯、小龙、龙头、龙尾等巡游道具,制灯过程紧张,所有道具务必要抢在正月十三全部完工。完工当晚,4 条长约 6 米的虾灯便要在鞭炮、锣鼓声中将灯龙巡游的路线试巡一遍,此为"先锋探路"。到了正月十五元宵夜,里商仁灯正式巡游。团圆饭过后,里商村民们陆续集中到花厅,锣鼓唢呐喧天,山羊炮齐鸣,虾灯、小龙将里商仁灯从花厅迎出,开始环村巡游。灯龙在村民们的簇拥下到了各家门前,各家的主人纷纷打开大门,拿出准备好的香烛鞭炮迎接龙头,寓意把安康、如意的祥瑞之风接进家门。

　　说起里商仁灯,里商村民无论男女老少,个个都如数家珍。搬了凳子往他们跟前一坐,他们就能从早上说到中午。历史的厚重感从他们软侬的乡音里扑面而来,从商辂为官趣事再到里商仁灯跌宕发展的历程,无不透露着讲述者的自豪。但谁曾想,这传承了几百年的制作技艺和传统民俗活动也差点湮没在滚滚红尘中。

　　中华人民共和国成立初期,里商仁灯曾一度无人再做,随着老一辈制灯人的离世,里商仁灯淡出人们视野。里商仁灯的复兴便要从一位年逾古稀的老人——商检说起。当年的他已经 70 多岁,恢复里商仁灯的念头在他脑海徘徊了许久。秉着心中执念,他决心要做点什么。经过无数次拜访村里老人,四处询问并记录里商仁灯龙头的式样,他利用空闲时间,照着村民的描述,用毛竹和棉纸试着制作了第一个眼睛、嘴巴可活动的龙头。龙头栩栩如生,得到了见过里商仁灯巡游的族人的肯定,他的劲头更足了,在他的带领下,第一批里商仁灯、虾灯也做出来了。

　　这批里商仁灯便在族人的期待下,从花厅出门巡游了。由于当时市面上出售的蜡烛为民用蜡烛,烛身较长,且内芯较粗;而里商仁灯个头不高,腰部内敛,巡游时,风灌进灯内,引得烛火阵阵摇曳,一会便把里商仁灯外边的纸给烧着了,巡游便在火光中匆匆收了场。耗费如此多气力做出的一批仁灯竟付之一炬,对商检的打击无疑是很大的。但失败没有打倒他,反倒是成就了他。不气馁的他跑到了更繁荣的港口镇,从那里的作坊里定来了灯芯更细的蜡烛,并将里商仁灯的个头加高,这一回,成了。里商仁灯的制式便从那时候定了下来。

　　商检老来得子,儿子继承了他的衣钵,他的儿子商振州也是制作里商仁灯的行家里手。从小的耳濡目染,让他对里商仁灯产生了浓厚的兴趣。每年父辈人做灯,他便跟着去看,偶尔也给制灯的叔伯们打下手,年年如此,制作工艺流程便烂熟于心。成年后,他加入仁灯制作队伍当中,至今已经有近三十载,时间的沉淀,让他的技术更加炉火纯青,并成为制作里商仁灯的领军人物。

在商振州手上,里商仁灯又一次焕发了新的生机。每年正月,商振州都要带领村里的制作队伍,赶制元宵巡游的里商仁灯。大到选的毛竹是青皮竹还是黄皮竹,小到扎针细密程度,他都亲自把关,一一指导,年复一年。在他的指导下,商智孝等一批年轻的里商仁灯制作技艺传承人接连涌现。此外,在他和当地文化站的共同努力下,改良了里商仁灯的光源,用电灯代替了蜡烛,有效防止里商仁灯内壁被烛火熏黑,提高里商仁灯在巡游过程的安全性和光源稳定性。里商仁灯还赴杭州参加西湖狂欢节、杭州"风雅颂"民间艺术展,现已经成为各大博物馆、美术馆及私人收藏家眼中的香饽饽。每年的里商仁灯巡游活动也受到诸多游客和摄影爱好者的追捧。

尽管里商仁灯制作已经后继有人,但商振州还有遗憾。随着生活节奏的加快,他的孙辈中想学习制作里商仁灯的人寥寥无几,在他手上,第三代人的传承中断似乎可以预见。"我年轻的时候,做灯都不给工夫钱的,巡游才给2块钱。"商振州说完这话沉默了。在他眼里,现在人要养家糊口,得找些可以赚钱的活儿来做,里商仁灯显然不能作为赚钱的营生。要制作好一盏里商仁灯,也非一朝一夕的事,没有长时间的制作积累和手艺锤炼,做不成一盏好灯。深深的无力感让这个老人沉默了。沉默了一阵他又说:"做灯也苦,现在的孩子都有出息,都在外面上班。"这下倒让我哑口无言了。短短的交谈,明显能感觉到他对里商仁灯根植于心的挚爱和热情,还有那股子作为商辂后人能传承里商仁灯的骄傲劲。"怅然吟式微",不免让人心头泛起一丝苦涩。

这纸上功夫,也是锤炼心性、磨炼手艺的功夫,熟练的手艺人单做一盏里商仁灯要好几天。这样的局限性,束缚了里商仁灯的产业化传承,但商振州仍相信里商仁灯有其独特的魅力,不仅仅是本族人喜爱,已经有越来越多外面的人士迷恋它,或许有朝一日能诞生出一个像他父亲一样的"痴人",能将里商仁灯制作技艺传播得更广、更远。现在的时机也许尚未成熟,但商振州相信,有生之年还能见到里商仁灯的新天地也未可知。

（作者：余娇艳）

好山好水出佳酿　酒香飘溢致中和

　　建德——国家级优秀旅游城市,物产丰富,人杰地灵,拥有天然优质的水资源和独特的气候环境,孕育了建德著名的保健滋补特色美酒——致中和五加皮酒。浙江致中和实业有限公司是华东地区最大的滋补保健酒生产基地,是保健酒行业中唯一一家同时拥有中华老字号、中国驰名商标、中国地理标志保护产品和非物质文化遗产传承的企业。

严东关致中和五加皮酒厂原貌

111

"江阔桐庐岸，山深建德城"，素以山水之乡著称的建德是浙江古代文化文明的源头之一，自古以来就有人类在此繁衍生息。1974年在建德境内李家镇乌龟洞发现的"建德人"化石，被中科院鉴定为十万年前古人类活动遗迹，与著名的跨湖桥遗址、河姆渡遗址、良渚文化遗址齐名。新安江历史文化底蕴深厚，自然风光秀美，社会经济发达。

严冬关五加皮

相传清同治二年（1645），一个初夏的清晨，一条尖头木帆船从徽州渡口出发，顺着新安江汩汩清流轻驶而下，船头站着一位年约二十三四岁书生模样的年轻人，他就是徽州城内以济世救人闻名的广济堂中药铺老板朱仰懋，今天他是专程到杭州采购药材的。木船驶入淳安境内，河床落差加大，河道弯曲险滩多，船速加快，两岸风景像一幅幅山水画，疾闪而过。突然，天空中传来一声霹雳，立时乌云密布，不一会就下起了大雨，为了赶时间，朱老板还是决定赶路到严州府再夜宿。谁知这一天，兰江、寿昌江一带都下了大雨，江水暴涨，木船驶到严州府南门时，那里已是汪洋一片，艄公用尽全力几次都没有靠上码头。突然，一个巨浪打来，木船被冲出了梅城三江口，像离弦之箭直向七里泷峡谷流去，时而托上浪尖，时而跌落谷底，随着"轰隆"一声巨响，木船顷刻间淹没在汹涌的波涛之中。当朱仰懋从迷迷糊糊之中苏醒过来时，已经是第三天早晨了，他发现自己处在一条箬篷船上，并从船尾传来一股饭菜的香味，他想从床上坐起来，却

检验药材及浸泡效果

浑身酸痛，不能动弹，不由自主地发出"啊唷"一声。一位老汉走进船舱，满面笑容地说"恭喜客官，你醒过来了"，在端上饭菜的同时，告诉他，他的其他同伴也都被救起了，朱仰懋赶紧谢过老汉救命之恩。老汉自称姓陈，名阿龙，已六十有五，膝下有一小女，名叫姣儿，年方二十，聪明伶俐，父女相依为命，长年生活在船上，以打鱼为生。在阿龙父女的细心照料下，朱仰懋身体日渐康复，这天，阿龙邀请左右邻近船上的渔民为朱老板接风，姣儿做了几个拿手的下酒菜，只见阿龙捧出一个泥封的酒坛子，打开酒坛泥封，给每只碗满满地斟上酒，橙红的酒色闪闪发光，一股独特的酒香溢满船舱，酒菜上齐，在阿龙的招呼下，大家纷纷向朱仰懋敬酒，祝他早日康复。朱仰懋几口酒下肚，顿觉神清气爽，回味无穷，不仅连连称赞"好酒、好酒"。酒过数巡，朱仰懋感觉身体发热，浑身轻松，精神振奋，筋骨舒畅，问道："如此好酒不知何名，出自何处？"阿龙笑答道："这是我们船上自己做的五加皮酒，味道力道都不错吧。""哦，原来这就是《本草纲目》上记载的五加皮酒，记得药祖李时珍曾评五加皮酒，'服之去风痹冷气积滞宿疾，令人肥健，行如奔马，长期服用，功妙更多'。今天幸尝此酒，果然名不虚传。只是当今市面上为何没有这样的好酒卖呢？""这种五加皮酒是我们九姓渔民的传家之宝，船上人天天泡在水里，易受风寒水湿；撑船拉纤，更易腰肌劳损，关节酸痛，全靠五加皮酒帮了我们。"大家七嘴八舌纷纷争说五加皮酒的防病健身功能，朱仰懋听得心醉神迷，但对大家不到岸上开酒坊赚钱颇为不解。阿龙说："客官有所不知，我们的祖先都是元朝末年陈友谅的部下，共有陈、钱、林、袁、孙、叶、许、李、何九个姓，当年跟

五加皮酿酒技艺制作过程

随陈友谅与朱元璋争天下,朱元璋当上皇帝后便把陈友谅诸亲眷九姓之族统统贬为贱民,赶到新安江一带,以打鱼、撑船为生,不准上岸居住、不准与岸上人通婚、不准读书求取功名、不准穿长衫马褂和鞋子。"朱仰懋对九姓渔民的遭遇深表同情,决定在严州府开办酒坊,把九姓渔民的五加皮酒搬到岸上销售,以改善九姓渔民的生活境况。于是他选择在梅城以东四公里处的东关建厂,这里背靠巍峨的乌龙山,面对清澈的富春江、兰江、新安江汇合的三江口,枕山依江,地势险要,为闽、赣、皖、浙四省水路要津,并以《礼记·中庸》一书中"致中和,天地位焉,万物育焉"的"致中和"为店号,开办了致中和酒坊,实现了将五加皮酒从船上延伸到岸上,从船工的手中延伸到古镇的家家户户,之后他和阿龙之女姣儿成了亲,造就了几百年来致中和五加皮酒的传奇故事。因五加皮酒厂建在严州府的东关,久而久之,人们就习惯称其为严东关五加皮酒。

致中和五加皮酒是中国传统养生实践和生命科学的智慧结晶,它以优质的白酒为基酒,融合当归、玉竹、人参、五加皮、党参、砂仁等29味中药材,添加糯米蜜酒、白糖,与千岛湖泉水精心酿制而成。选购中药材时严格把关,做到味味药材皆上乘,真正做到以上等的中药材为神,以优质的基酒为本,以新安江泉水为引子,以一流的设备为后盾。色如榴花,香若惠兰,浓郁挂杯,口味独特,酒香药香和谐,喝过之后回味无穷。

五加皮酒注重药理调和,有诗为证:"一味当归补心血,去瘀化湿用姜黄。甘松醒脾能除恶,散滞和胃广木香。薄荷性凉清头目,木瓜舒络精神爽。独活山楂镇湿邪,风寒顽痹屈能张。五加树皮有奇香,滋补肝肾筋骨壮。调和诸药添甘草,桂枝玉竹不能忘。凑足地支十二数,增增减减皆妙方。"五加皮酒讲究药效与酒力的相互配合，基酒经过九酿发酵，药材经四度浸取，添加糯米蜜酒、蜂蜜或白糖，经科学勾兑后，才能制成上好的五加皮酒。1876年，严东关致中和五加皮酒在新加坡南洋商品赛会上荣获金奖，声名鹊起，1915又在巴拿马万国博览会荣获银质奖。众多商家见严东关致中和五加皮酒声誉日盛，有利可图，或大批量转手经营，或直接到严东关投资办厂，大量生产严东关五加皮酒，使严东关五加皮酒的名气愈来愈盛。最多时生产厂家达到八九家，严东关生产的五加皮酒在浙江、江西、安徽、福建、广东、上海等地备受欢迎，还漂洋过海远销到东南亚各国。

致中和五加皮酒的发展，既有辉煌也有举步维艰之时，特别是在民国时期，五加皮酒产业备受打击，1942年日机轰炸严州府城，加上洪水肆虐，严东关几家规模较大的五加皮酒厂相继倒闭。抗战胜利后，五加皮酒厂开开停停，也不能正常生产，仅有一些规模很小的作坊常年生产销售，供应当地消费者，终不成规模气候。1948年，十几位股东试图集资恢复生产，终因社会动荡、物价飞涨，未能如愿。直到1958年，当时的建德县人民政府建立了国营建德县严东关五加皮酒厂，至此，严东关致中和五加皮酒才得以恢复规模化生产，所生产的致中和牌五加皮酒于1984年荣获省优、部优称号，出口新加坡、马来西亚、美国、中国香港等地。

1998年，建德市严东关五加皮酒厂改制为浙江致中和实业有限公司，传承深厚的历史文化积淀，使致中和五加皮酒香飘四海。企业产销两旺，吸引了众多商家投资兴办五加皮酒厂，从而推动了整个产业的快速发展。2010年5月杭州宋都控股入主致中和，规划把致中和打造成为中国植物保健酒第一品

封坛窖藏

牌,目前,一个占地约300亩,投资10多亿元,集酿酒技艺传承、中草药文化弘扬、实效养生开拓、商业模式创新为一体的新型生态文化产业园正在建设中。

如今的致中和五加皮酒经过几代人的不懈努力,配方不断改良优化,品质得到极大的提升。天然独特的小气候,加上无比优良的水质和三百年历史的文化沉积,致中和五加皮酒将更为辉煌。

目前,致中和五加皮酒这一酿酒技艺已经被列为浙江省非物质文化遗产,这是对它的肯定,也是对技艺的传承保护。浙江致中和实业有限公司牢记创始人朱仰懋先生的祖训,以中庸和谐之理酿制五加皮酒,把致中和五加皮酒酿造技艺这一历史文化瑰宝代代相传,发扬壮大,使其走向世界。

(作者:钱建华、龚景华、王志平)

杭帮菜烹饪技艺

　　"轻清秀丽,东南为甲。富兼华夷,余杭又为甲。百事繁庶,地上天宫也"。杭州的地理条件得天独厚,地处东南,自古为富庶繁华之地。早在五代吴越国时期,杭城的人们就开始追求饱腹之外的菜品丰盛、精美可口,杭州菜的烹饪也已经发展到较高的水平。到了北宋时期,杭城酒宴之风开始盛行,以水产菜为特色的杭州菜肴制作已经日趋成熟,并以选料精侈、技艺精湛闻名于世,欧阳修在《送惠勤归余杭》诗中赞美:"南方精饮食"。苏东坡也曾感叹"天下酒宴之盛,未有如杭城也"。绍兴八年(1138),整个朝廷南迁,定都临安(今杭州)。大量的北人随皇室南下杭城,带来了北方深厚的饮食文化、精妙高超的烹饪技艺,并结合杭州地区的物产、口味清淡的饮食习惯,逐步形成了独特的杭帮菜烹饪技艺:"南料北烹""口味交融"。

　　据《武林旧事》记载,南宋时一个盛大的宴会上菜肴多达200多种。其中41道菜用鱼、虾、蜗牛、猪肉、鹅肉、鸭肉、羊肉、鸽肉做成,另外42道菜为蜜饯,20道菜为蔬菜,9道菜为各种材料熬成的粥品,29道菜为干鱼,还有17道饮料、19种糕饼、59种点心。可见当时饮食之奢靡,杭帮菜烹调技艺之精致繁杂。历经元明清三代发展,至民国时期杭帮菜烹饪技艺日渐成熟,形成了两大流派:一是以清河坊王润兴、湖滨一带的天香楼、德胜馆为代表的城里帮。用料以鱼、肉、蔬菜为主,烹调方式以蒸、烩、氽、烧为主,菜肴粗中有细,注重"鲜咸合一",讲究"两轻一清",即轻油、轻浆和清淡的鲜嫩口味。一是以楼外楼、天外天等为代表的湖上帮,他们用料以鱼虾、禽类等鲜货为主,擅长生炒、清炖、嫩溜,讲究清、鲜、脆、嫩,注重保持原汁原味,讲究刀工。这两大流派共同造就形成了杭帮菜"选料严谨,制作精细,清鲜爽嫩,注重原味,品种繁多,因时制宜"的特点。

杭帮菜清淡平和,注重原汁原味,口感鲜嫩,吸收了南北各地菜肴的精华,烹调精巧,尤以清鲜脆嫩、口味纯真见长。炒菜以滑炒为主,炸菜力求外松里嫩,烧法则强调柔软入味,浓香适口。外观上讲究色彩和谐,清秀雅丽,追求色、秀、味俱佳的境界。杭帮菜流传下来的名菜众多,其中西湖醋鱼、龙井虾仁、宋嫂鱼羹、东坡肉等传统名菜更是为世人所熟知。一道道传统名菜所呈现的不只是舌尖上的美味,更是精湛的烹饪技艺和一个个美丽的传说。

西湖醋鱼

西湖醋鱼是一道最能体现杭帮菜烹饪技艺特点的传统名菜。相传宋朝年间,宋氏兄弟原本在西湖以打鱼为生,平淡度日,因恶霸贪图宋嫂的美色横加迫害兄弟二人,哥哥遇害、小叔出走避难。临别前嫂嫂特意用糖醋烧了一碗鱼,嘱托小叔记住一家人饮恨的

龙井虾仁

宋嫂鱼羹

东坡肉

辛酸。后来待宋弟取得功名做了官,惩办了恶霸,却遍寻不到嫂嫂的下落,直到有一日外出赴宴,吃到了离家时嫂嫂为他烧制的那种糖醋鱼,追问之下,方知这家的厨娘正是自己的嫂嫂,叔嫂相见,悲喜交加,小叔遂辞官,重过渔家生活。此事被后人传为佳话,醋鱼的特色烹制方法也流传下来。楼外楼这家百年老店的店堂里,曾挂有一副楹联"凭君有此烹饪手,识得当年宋嫂无?"照应的就是这个故事。其做法是:选用一斤半左右的鲜活西湖草鱼饿养三天,然后现烹活杀,待收拾干净后,将鱼从尾部起沿脊背一分为二,剖成雌雄两片,用刀尖斩去鱼牙,从雄半片鱼鳃处每隔4厘米斜劈一刀,于第三刀在鱼腰鱼鳍处斩断,在雌半片鱼脊背后向腹部斜切一刀,"七刀半"完成,鱼皮丝毫无损。做鱼时,不能蒸煮,需用沸水烫熟,再将勾兑好的浓稠醋汁淋遍鱼身,撒上姜末。出锅后摆盘造型似大鹏展翅,色、香、味俱全,品尝时,轻夹鱼肉,蘸一抹酱汁,酸爽甜脆、肉质鲜嫩似蟹肉,鲜味萦绕舌尖。

龙井虾仁体现的是杭帮菜选料的讲究,需选用杭州的名产,更讲究应时应季、适时而食特点的一道传统名菜。选用手工活剥的大河虾肉,经上浆,配以"色绿、香郁、味甘、形美"的明前龙井新茶烹制而成,虾仁白玉鲜嫩,茶叶碧绿清香,色泽淡雅,滋味独特,颇有一番回味。这道菜起源于何时众说纷纭。有说是杭州厨师受苏东坡词《望江南》"且将新火试新茶,诗酒趁年华"的启发。有说是乾隆下江南时,微服私访流连于雨后的西湖美景,到黄昏时分方感腹中空空,遂来到湖边一酒馆点了炒虾仁等菜,其间不慎露出袖中的明黄色,店小二匆忙跑到后厨,正在炒制虾仁的厨师听说皇帝来了,慌乱中错将刚上市的明前龙井当作葱花洒进炒虾仁中,店小二又慌乱中将这道菜端上了桌,乾隆看到此菜虾仁洁白鲜嫩,茶叶碧绿,品尝之下,更是清鲜可口,连连称赞。从此这道菜便成为杭州闻名遐迩的佳肴。乾隆皇帝六下江南,与乾隆有关的杭帮菜还有鱼头豆腐、番茄虾仁锅巴、百鸟朝凤等众多传统名菜。2005年,杭帮菜烹饪大师胡忠英在杭州酒家做了一场"乾隆御宴"。整场宴会的上菜程序均按照乾隆时期的宫廷御宴,时间长达9个小时。

宋嫂鱼羹距今已有800多年的历史,其故事是有典可依,有据可查的。据《武林旧事》载,已退位多年、正在颐养天年的太上皇赵构,望着大内的春意盎然,突然兴起到西湖踏春游湖的念头。到游湖那日,伴着风和日丽、水光潋滟的西湖春日美景,不知不觉到了断桥附近。身边的人知晓太上皇素来喜欢热闹,早就安排召集了一些叫卖各式吃食、玩意的小商小贩,划着小船围绕龙舟叫卖。果然,赵构看到这样的场景十分高兴,兴致勃勃地和小贩们交谈,忽然听到一片乡音,便发问道:"这里有汴京过来的人氏?"周围沉寂片刻后,传来一个低沉的回答:"妾身宋氏,东京人氏,随驾在此已50余年。"闻听此言,太上皇感慨万千,特准宋五嫂做鱼羹进献。待品尝味道鲜美的鱼羹后,十分赞赏,亲口赐名"宋嫂鱼羹",又赏赐"金钱十文、银钱百文、绢十匹"。从此宋五嫂的"宋嫂鱼羹"声名大噪,京城中人纷纷加价争买而食之。后人有诗曰:"一碗鱼羹值几钱,旧京遗制动天颜,时人倍价来争市,半买君恩半买鲜。"宋嫂鱼羹以鲜嫩鳜鱼为主料,剔净鱼骨后,鱼肉蒸熟捣成肉末,佐以火腿、香菇、竹笋、鸡汤调制而成。因其色泽灿烂,鲜嫩爽口,味道好似蟹羹,杭州民间又称其为"赛蟹羹"。宋嫂鱼羹的烹制者——宋五嫂,本姓朱,嫁于宋氏人家后遂随夫姓,善于烹饪,曾经多年任官府的主厨,南下后又因宋高宗的赏赐而闻名。年迈后将几十年的厨艺经验都转述给她的儿子宋诩,由其汇集编成了《宋氏养生部》六卷,共收集菜肴1300多种,成为古代食物制作的著名典籍。

自古以来,风景如画的杭城吸引着不少的文人墨客前来览胜,他们在游览之余必不会忘记吃一道美食"东坡肉"。这道菜肴色泽红润,细嫩糯烂,香气四溢,以大文豪苏轼的名字命名,更增添了其浪漫的色彩。据传这与苏东坡第二次任杭州太守有关。北宋元祐年间,西湖年久失修,湖里杂草丛生、淤泥堵塞、水位变浅,不仅导致百姓饮水困难,还极易引发水灾。苏轼一到任就上奏朝廷,发动数万名百姓疏浚西湖,把挖起来的淤泥堆筑成一道长堤,使西湖秀容重现,还可蓄水灌田,引水饮用。百姓感念其功德,又知其清廉,纷纷送些猪肉和绍兴老酒等吃食。苏人守难以拒绝百姓的热情,就命家厨按照"慢着火,少着水,火候足时他自美"的经验烧制猪肉,又嘱其将烧好的红烧肉连绍兴老酒一起,分发给疏浚西湖的民工。哪知道家厨在烧制的时候把"连酒一起送"听成了"连酒一起烧",结果以酒代水烧制的红烧肉,更加香酥味美。民工食用后盛赞送来的红烧肉香气扑鼻,肥而不腻,可口好吃,为了表示对苏太守的爱戴,人们就把他分发的肉命名为"东坡肉"。不久后,杭城内有家菜馆推出了菜肴东坡肉,果然门庭若市,生意兴隆,人们都争相前往品尝,其他菜馆见状也纷纷效仿。杭州人至今还感念苏太守的功绩,把淤泥堆筑成的长堤命名为"苏堤","苏堤春晓"被推为西湖十景之一,"东坡肉"也一致被推选为杭州名菜之首。

"江南忆,最忆是杭州",杭州这座特色非常鲜明的历史文化名城、东方休闲之都、品质生活之城让人难以忘却。除了看不尽的湖光山色,赏

不完的四时美景,更让人流连的是杭帮菜烹饪技艺所调制的——荟萃杭
州人文历史底蕴,仿若把西湖的美景都纳入舌尖的杭州味道。

（作者：涂文军）

传承人丁灶土

杭州金银饰艺：南宋金簪留余韵

妙龄少女，明眸皓齿。得君一簪，喜笑颜开。一袭红纱，嫁作人妇。信手画眉，煮茶泼墨。风起云涌，战火纷飞。人仰马翻，金簪蒙尘……

制作金银饰艺

浙江卫视七集大型人文纪录片《南宋》，真实还原南宋繁荣昌盛的历史景观，再现南宋时期波澜壮阔的历史进程，其高超的拍摄技术，真实的历史讲述，精细的描写手法，打造最震撼的视觉冲击。该片由一支金簪开篇，引出悲壮的序曲，镜头叙述金簪与少女的故事，并随着音乐声，金簪缓缓沉入历史长河的浩浩流水之中……

纪录片里呈现的这支宋代"金莲藕花簪"，属国家一级文物。通长36.1厘米、最宽处6厘米，重66.9克。簪子呈扁平状。主题纹饰为莲花和莲蓬，层层叠上的九层莲瓣和莲蓬均以薄金片——錾凿成型。每一层莲瓣上都有精美的镂空纹饰。

佩戴这支金簪的婀娜多姿的美丽少女，她云鬓高挽，长裙曳地，行动处步步生莲，体态依依若柳，而头上的金簪随着她的脚步轻颤，更衬得她清雅妩媚，风致嫣然。

宋以前，金银器的使用有明确而严格的等级限定，器物常深具皇家和贵族的气派。入宋后，金银器的使用虽然还有等级限制，但执行不严，禁限也相对弛缓。因此，金银器皿的数量在民间徒增，世俗气息浓厚，制作也愈发精巧。

在宋代，不仅皇室、王公大臣、富商巨贾用金银器，就连富有的平民乃至酒肆、妓馆也都大量使用着金银器。当时民间还开设了专门制作金银器的银铺。

据史书记载，将金银一类贵重金属锻制成珍贵的装饰品和艺术品，是一门历史十分悠远的手工技艺。金铺、银楼就是专营金银首饰器皿生产及交易的商铺，往往形成前店后坊的格局。由于金银在中国古代一直担当着重要的货币流通角色，故中国人自古就喜欢金银，早在唐代就有专业金银工匠。到了南宋时期的杭州，作为皇城云集了大批能工巧匠，金银饰艺的制作水平早已名闻天下了。吴自牧《梦粱录》卷十三中，就提到了不少当年颇享盛名的金银铺。

清末民初时期的杭州，金银饰艺业更是蓬勃发展：城里中河边的三元坊、荐桥街一带，是市区金铺、银楼最集中的地方。据民国三十五年（1946）《浙江工商年鉴》载，当时有大小银楼49家，光清泰街就有19家之多，其中最负盛名的有：创立于清同治四年(1865)的信源银楼，店址在中河边清泰街珠宝巷口西侧；创立于清光绪二十六年（1900）的乾源银楼，坐落在清泰街珠宝巷口东侧；加上民国六年（1917）开设的义源银楼，从而形成了珠宝巷口"三源争市"的空前繁荣格局。此外，李博士桥边还有邓家金银铺、汪家金纸铺等等。金铺银楼的产品，种类繁多，琳琅满目，往往成为

制作工具

时髦女子或社会名流的爱物。

据老一辈从事金银制作的艺人回忆，那时杭州的大金铺、银楼生产的产品主要以金饰品为主，有天元戒、方花戒、长方戒、四方戒、扁花戒、翻面戒、名章戒、扁花镯、球镯、脚镯、手表带、挂表链、项链、片锁、花簪、双丝环、耳圈、耳坠、耳扒等，有足赤金与九成金之分，销售对象主要是盐商豪绅及其眷属。银饰品销售对象主要是农民，旧时农村嫁娶用银最多，品种有儿童帽器、帐索、帐钩、手镯、项圈、果铃、耳环、禅杖簪、杯盘、酒器、筷碟、花瓶、银盾、锁、文房宝鼎等。

以信源、乾源、义源三源为代表的杭州金银饰艺，成色最好，信誉卓著。光是金加工的表金工艺就有：镏金、蘸金、泥金、贴金、镀金、包金等。银饰加工工艺流程更复杂，如"浇铸成形、錾刻细部"的铸造方法来自青铜

工艺，唐代以后，在金银饰上的运用便越来越少。錾刻要使用各种形状的钢制錾子，将纹饰錾刻在坯料表面或背面。錾花工艺有阳錾、阴錾、平整镂空型等数种。而"锤錾为主，镌镂为辅"，有的是从成形到纹饰都全用锤錾，有的是锤錾之后焊接成形，有的是锤錾之后以银环银链缀成整件饰品。有的银饰造型属立雕、圆雕，也是锤錾后再焊接成的，细部刻画以錾刻和镌镂的方式完成。"花丝工艺"更繁复，经镶嵌、点翠、堆垒、掐花、攒焊，做成各种平面或立体的图案纹饰。

以"信源"为例，金银首饰按材质分，有足金和K金两大类。按佩戴功能分，有七大类，即戒指、耳插、挂件、手镯（手链）、胸针、领夹、袖纽。

首饰的刻花工艺分两类，一类是根据设计画稿，由师傅在钢坯上刻凿图案，供镶嵌制作工压花片做产品造型用；另一类主要是足金锁片（挂件），直接在金片上刻花。

生产用的相关器具，除自制简易机械外，还有熔金炉子、钢刻磨具、拉丝板、铁镫头、各式工钳、各种锉刀、焊枪、皮老虎、煤油灯、沙盘、矸刀、手寸棍、锯子、胶板、凿子、毛刷、硼砂、硫酸、抛光膏、耐火砖、电子秤等百余种。

信源银楼秉承出自南宋的传统手工技艺，基本特征可概括为"坚实、耐用、精致、美观"八个字。

1949年，政府取缔投机活动，于同年6月12日公布金银管理条例，银楼就此全部停业。1972年，为积极争创外汇，重新组建杭州金银饰品厂，旧时

杭州信源银楼

制作金银饰艺

位列杭州三大银楼之首的"信源"品牌也得以恢复。

改革开放至今,信源首饰仍然保持着师傅带徒弟的传统授艺方式,原汁原味地用榔头、凿子等多种手工工具生产和制作如龙凤、蝙蝠、竹、牡丹、梅、寿桃、回纹、福、寿、喜等具有浓厚民族风格的金银图案,造型生动,

提梁镂空银盘

雕刻精细,形态逼真,技法多样,目睹者无不称奇。

如今,源自南宋的金银首饰、器物等,历经数百年的岁月洗礼,已越来越具有收藏价值与历史价值。近年来,信源银楼的前辈艺人大多谢世,许多技艺濒临失传。信源银楼在当今掌门人——工艺美术师唐军的率领下,为保护、传承南宋以来的传统手工技艺,已采取了一系列举措,如尽可能用传统技术加工,逐步减少现代机械工艺的制作成分;发展民间来金来宝的首饰加工业务,采用传统技艺加工制作;聘请有传统技艺特长的师傅来厂从业、献艺;对企业从业人员的技艺素质进行再提高;对传统技艺的尖子,企业在技艺荣誉评定方面给予奖励;与艺术设计类高校合作,培养新一代珠宝设计专业人才;加强宣传,树立品牌,扩大影响,使"信源银楼"这一百年老字号代代相传。

2007 年,杭州金银饰艺被浙江省人民政府公布为第二批浙江省非物质文化遗产名录。这给非遗传承中的"美丽杭州"更添加了浓墨重彩的一笔。

(作者:许柳雅、沈志荣)

非物质文化领域里的攀登者和坚守者

——记余杭殿堂壁画传承人张炜

一

已经有四个月没有张炜的信息了，一大清早就被电话铃声叫醒，电话那边传来张炜始终谦恭的声音："老师早！老师今天有空吗？"我说："有事吗？""是的，老师交给的任务基本完成了，有空您来指点一下吧。"张炜说。此时我才恍然大悟，原来张炜四个月杳无声息是躲起来画画去了。

情殇

吉祥组画

这话题源于习近平总书记在全国人大闭幕会上的讲话。习近平总书记在"中国人民是具有伟大梦想精神的人民"的一段中提到了"盘古开天、女娲补天、伏羲画卦、神农尝草、夸父追日、精卫填海、愚公移山等我国古代神话"。于是我就跟张炜说，这些内容很适合用殿堂壁画艺术来表现，让他试试。没想到他还当真了。

驱车不用半小时，就到了双千年古镇余杭张炜筹资兴办的杭州殿堂壁画艺术馆。走进艺术馆大门，就可以看到一幅大禹治水和古镇标志性文化遗产"安乐塔""舒公塔""通济桥"等内容构成的壁画屏，背面刻着一句话：相传大禹治水时在此舍舟登陆，故有禹航之称，公元前 222 年，秦始皇统一六国，始设余杭县。向我们昭示了古镇余杭悠久的历史和余杭殿堂壁画传承的历史背景。

张炜亲自为我们介绍馆内展示的中国壁画史、杭州殿堂壁画史、殿堂壁画的传承谱系和工艺流程、中国传统壁画当代传承实物等。到了二楼殿

祈福中国

堂壁画展厅,赫然跃入眼帘的是《中国梦·远古的歌谣》系列作品,《盘古开天》《女娲补天》《神农尝草》《夸父追日》和《后羿射日》《嫦娥奔月》《黄帝战蚩尤》《常曦浴月》等八幅殿堂壁画作品光彩夺目,深刻地反映了中华民族自古以来勇于追求和实现梦想的执着精神,令人震撼。心里不由得为殿堂壁画这一古老画种的现实表现力赞叹,也不得不为张炜深厚的艺术功底和执着探索精神点赞。

二

殿堂壁画源远流长,作为中国四大传统壁画之一,殿堂壁画因为画在宫殿、厅堂的墙壁上起装饰作用,故而得名。据记载,早在周代,宫殿之中已经有壁画装饰,内容一般是山川景物、文武功臣、神灵怪异等。由于建筑破坏,这些壁画都难以完整保存下来。殷墟宫殿遗址的壁画残块,以及20世纪70年代在陕西咸阳秦都宫殿遗址发现的秦代宫殿壁画,是目前所见的早期殿堂壁画的遗物。

宋高宗绍兴年间,宋高宗直接参与画院之事,并以"金碧辉煌"的画风作为品评画家水平的标准,从而使得"殿堂壁画"风行一时。位于余杭的洞霄宫,是南宋时的行宫,据《余杭镇志》记载,洞霄宫"且不少殿堂有壁画绘制,大多出自宫廷画师之手,笔法精到"。洞霄宫的殿堂壁画影响了余杭的其他寺院,大小寺院都纷纷以绘制殿堂壁画为荣,余杭出现了众多的殿堂壁画民间画师,并使这项技艺一代一代地传承了下来。考虑到南方有别于北方的潮湿天气,故而画师们对余杭的殿堂壁画进行了革新,结合了浙江当地的大漆脱胎、瓯塑、东阳木雕等传统工艺,创造出了具有杭州特色的殿堂壁画。

相传由洞霄宫流出,在杭州老余杭一带流传的传统殿堂壁画,其传承

的主要方式有两种，一种是师徒相传，一种是父子相传，至今已有八百余年的历史。

　　张炜生长于余杭，在父亲和叔叔的影响下，自小喜爱画画，尤其对叔叔所经营的红木家具既要画画又要雕刻的制作过程产生了浓厚的兴趣。于是他发誓要考上设有雕塑系的中国美术学院。经过不懈的努力，他如愿进入了中国美院雕塑系大门，并于1997年7月毕业并获得学士学位；2008年张炜考上中国美术学院壁画研究生班，2010年获艺术硕士学位。

　　为了幼时那份浓厚的兴趣，张炜回到了余杭，以自家三代相传的殿堂

传承人张炜

壁画为媒介,致力于殿堂壁画的传承与保护。"面对非物质文化遗产,创新谈不上,保护和守望是我们的责任,我只是传承这门殿堂壁画的传统技艺,做出一些自己的技术革新,用西方现代写实的手段,重新讲述中国的故事,将这些故事推向国际化。"张炜说。

据张炜介绍,他是在祖父、父辈的技艺基础上传承的,其师承如下:

第一代传承人:太爷倪六五(已故),生卒不详,曾跟随民间画师学艺,以为寺庙、宫观做壁画为生。

第二代传承人:爷爷倪洪波(已故),1911年生,青年时跟随父亲学艺,在一些寺院做壁画修补工作。现存塘栖马家台门壁画群。

父亲:倪善根,1944年出生,跟随家父倪洪波出门绘画,成为其得力助手。

叔父:倪善宝,1947年出生,从事红木家具绘画镶嵌工艺工作,现为上海工艺美术师。

介绍到这里,张炜顿了一下,颇带遗憾地说:"其实到了我父亲和叔叔这一代,传统余杭殿堂壁画的画师大多已故去,父亲和叔叔也只是在爷爷的熏陶下略知一些关于殿堂壁画的颜料和基本画法而已,20世纪60年代后期到70年代初期,中国处于一个特殊时期,所以也没有留下他们的作品。"

作为第三代传承人,张炜出生于1970年,青少年时期,父亲发现他身上有对绘画和雕刻的特殊兴趣和天赋,于是就指导他学习殿堂壁画传统绘画艺术。后历经中国美院雕塑、壁画系学习深造,毕业后他系统整理殿堂壁画传统绘制技艺、潜心钻研创作,并对殿堂壁画实施生产性保护。

张炜现有授艺徒弟3人——袁启成、侯翔和沈晨雨,同为中国美院毕业校友。

三

公共环境造型艺术是张炜公司经营的主业,壁画雕塑是他的专业。近十年来张炜努力做实本行,不断提升自身,在壮大自己的同时,把自己的专业技能与服务家乡、服务社会、美化环境相结合,给人们带去美的享受。

他勤奋耕耘,殿堂壁画保护性创作硕果累累。张炜为传承保护殿堂壁画勤奋创作,2008年以来,其创作的殿堂壁画和雕塑作品,先后十余次在省级以上大赛中获金银奖。

他不懈努力,为余杭殿堂壁画办论坛,使其走出国门,荣登国际"殿堂"。

2013 年 6 月，张炜协办"中国第二届非物质文化遗产（余杭）论坛——传统殿堂壁画传承与发展"专题研讨会，我国著名非遗保护专家乌丙安等一批专家到场指导，殿堂壁画登上国遗论坛。

2014 年 5 月，张炜被派遣随当地政府文化交流代表团出访荷兰韦尔特市进行文化交流，并与荷兰艺术家约安妮范杜乐合作壁画《女娲与玛利亚》，该作品被韦尔特市政府收藏，当代殿堂壁画走出国门。

2016 年 9 月举世瞩目的 G20 峰会在杭州召开，在主会场休息室，悬挂着两幅由张炜创作的木雕壁画"吉祥"系列，余杭殿堂壁画登上了国际性会议的殿堂。

他情系公益，开办杭州殿堂壁画艺术馆，服务当地百姓。2015 年在余杭街道的大力支持下，张炜成功开办杭州殿堂壁画艺术馆，馆内展示了中国壁画史、杭州殿堂壁画史、殿堂壁画的传承谱系和工艺流程、余杭本土非物质文化遗产、中国传统壁画当代传承实物等，供民众参观，供专业人员研究，填补了杭州城西片没有大型艺术展馆的空白，成为杭州西部及余杭地区唯一的一个民办文化场馆，2016 年接待参观者达 8000 人次。

他弘扬工匠精神，创作了"水印天"景观艺术，为美化家乡做出了贡献。

张炜作为浙江省工艺美术大师和首届"杭州工匠"，领衔设计并完成施工的景观艺术项目有：

——长达 128 米的杭州超山风景区大型雕塑群《中国戏剧梅花苑》；

——余杭图书馆大堂大型铜浮雕《山明水秀汇余杭》《先贤勤学图》；

——余杭区径山镇广场历史文化雕塑群；

——大径山旅游区大型文化景观《化成寺遗址》和大型浮雕《径山问茶》；等等。

这些服务项目极大地彰显了余杭人文精神，

提升了艺术气息,美化了环境。

还有位于内蒙古鄂尔多斯市政广场的大型组雕《一代天骄》,位于四川省都江偃景区的大型壁画《上善若水》《李冰》等,成为美化一方的人文景观,深得好评。另有雕塑工艺品《南宋官窑十二生肖》成为坊间争相拥有的艺术精品。

他不负众望,艺术成就受到高度肯定。鉴于张炜在文化创意产业领域发挥的作用,他2012年被浙江省委宣传部评为第二批浙江省民间文艺人才;2015年被评为余杭区十佳文化创意杰出人才,同年被评定为浙江省工艺美术大师,2016年被定为浙江省C类领军人才,2017年4月被评为首批"杭州工匠"。

2009年6月,余杭殿堂壁画被列入浙江省第三批非物质文化遗产名录;2013年9月,经杭州市文化广电新闻出版局批准,张炜创办的杭州水印天公共造型艺术有限公司成功列入杭州市第一批非物质文化遗产生产性保护示范基地。

张炜总是说,身为杭州人,守护好身边的文化遗产,是责无旁贷的事,更应该以"工匠精神"装点环境,为美丽家乡建设做出贡献。

此时我耳边又响起了习近平主席的坚定而又铿锵有力的声音:"山再高,往上攀,总能登顶;路再长,走下去,定能到达。"张炜正是这样一位非物质文化领域里的攀登者和坚守者。

(作者:吕雅南)

昌化竹编：指尖上的诗意

竹编是杭州临安具有民间特色的手工艺，始于春秋时期。据民国《昌化县志》记载："男家通柬送钗钏，以为定礼。久之行聘，用竹编、木制嫁妆、担盒，花罩盛荣饼、来帛、首饰、聘金之类与茜。各称其家，凡冬夏俱有担礼……"可见，竹编器具作为嫁妆的习俗，昌化由来已久。

临安拥有各种竹林 50 万亩，是名副其实的"中国竹子之乡"。丰富的竹资源，为竹编工艺的发展提供了丰厚的自然条件。当地山民利用得天独厚的资源优势，将毛竹深加工成竹编制品，以增加附加值和收益。

竹编制品作为昌化民间常用的生活用品，以工艺精美、色彩强烈、民族特征强、技巧性强、实用性与观赏性相结合而享誉四方，是我国传统手工技艺中的典型代表。竹编制品品种繁多，主要分为生活器具、工艺品、人物造型三类。

昌化竹编

民间艺人在编制伟人像

　　昌化竹编历史悠久，历经 2500 多年，凭着历代竹编艺人的口授手传流传至今。20 世纪 50、60 年代，昌化清凉峰出现了以陈祥璋、陈和璋、邵仲佳、王仲德等为代表的一批竹编艺人。昌化竹编外表精巧细腻，制作工艺不失水准，曾盛极一时，深受山民喜爱。后由于生活习惯的改变，竹编制品逐渐淡出人们的生活。目前，随着政府对非遗关注度和重视度的不断加强，乡村又兴起了"手工艺品热"。昌化竹编又焕发出新的生机与活力。

　　那就让我们走进临安的大山，去看看昌化竹编最具改革创新精神的传承人物——江安然。

　　宽敞的屋子里摆满了各种各样精巧可爱的竹编：玲珑剔透的竹篮、上圆下方的箩筐、圆圆的竹筛、尖尖的斗笠……这些散发着竹篾清香的宝贝，

篁箩

烘篮

——呈现在我们面前，很是吸人眼球。

墙上那琳琅满目的竹编书画，线条如行云流水，灵动飘逸。面对这样一件件造型生动、情趣盎然的作品，我们不禁赞叹：这哪里是竹编制品，简直就是一首首无字的诗，一幅幅立体的画……江安然的竹编，成了昱岭关下一道美丽的风景。

凭着一双巧手，任青青竹篾在指间上下翻飞，江安然像魔术师一般"变"出各种精美绝伦的竹编制品，多姿多彩，堪称一绝。灿烂光华的背后，有谁知道这位乡村篾匠，为此付出了多少汗水？经历过多少磨炼？他在竹编艺术领域孜孜以求，厚积薄发，从一个普通的篾匠到杭州市非遗项目传承人，这条路，江安然整整走了43年。

篾刀小试露锋芒，融会贯通显匠心

江安然家在昌化清凉峰镇昱岭关村。昌化人不称篾匠，叫"竹匠"。17岁那年，江安然初中毕业了。父亲说："你去学个竹匠吧，手艺人饿不死"。父亲是一个走村串户的修鞋匠，说这个话最有发言权。

那个时候手艺人是很吃香的。就这样，17岁的江安然便成为一个"嫩竹匠"。

正月初六是他正式拜师的日子。从当时的交通条件来讲，30里路外的师傅家还是很远的，要翻过一座山、换乘两趟车呢。拜师的前一夜，父母亲千叮嘱万交代，学手艺要讲规矩，要听师傅的话……

江安然清楚地记得，半夜 12 点，就被父亲叫醒赶车去了。

进了师傅家的门，吃了早饭，学徒生涯就算正式开始了。

砍、锯、切、剖、拉、撬、编、织、削、磨等，是篾匠的基本功。第一天，师傅就示范了入行的绝技"剖篾"。剖篾也叫破竹。一根笔挺的毛竹被去掉枝叶后，一头抵牢，另一头夹在腋下，这时用锋利的篾刀，轻轻地在竹梢上一钩，开上一个口子，再用双手使劲儿用力一拉，碗口粗的毛竹就会被立马劈开一道口子，随着"啪啪"几声脆响，毛竹裂开了好几节。然后，篾匠顺着刀势使劲再往下推，身子弓下又直起，直起又弓下，竹子一节节被劈开……

师傅耍完"剖篾"手艺，让江安然叹服不已：从粗竹筒到细如发丝的竹篾，那双粗糙的手仅用一把篾刀，居然随心所欲，这到底有何讲究？

江安然正专心致志地编着竹篮

师傅眯缝着眼剖篾的动作，是那么的潇洒，那么的享受，让江安然看呆了。师傅丢下一句话：慢慢来吧，先学刮篾、补箩！

江安然和他的竹编作品

　　江安然明白,篾匠活的精细全在手上。一根长长的竹子,要用篾刀劈片削条,从青篾到黄篾,一片原本就薄薄的竹片有时候竟能再分成六七片篾片,就像是纸片一样轻薄,而且粗细均匀、青白分明,那是要真本事的。

那天，师傅叫他试着编一只小竹匾，是用那种"打方格"的编法。第二个活计是"补簟"。簟，就是那种又长又宽的晒谷的大席子。那张簟上有一个尺把见方的破洞。师傅话也不多，就说了一句："你挑两片，压两片，把洞补好。"江安然又只好自己摸索了。

还好，江安然适应得快。到掌灯时分，一张破簟补好了。师傅与人谈起小江，说这小子悟性高，很有天分。

青篾一丝绕指柔，六载寒窗终有成

拜师第三天，师傅就带江安然到农户家里"上班"了。

学艺无疑是辛苦的。更为重要的是，做匠人的规矩很多，丝毫不能马虎。

还有，讲话也有讲话的规矩。不管师傅讲得对、讲得错，都不能搭嘴。

竹匠的固定姿势是"蹲"。学徒不让坐凳子，要蹲在地上干活。刚学的时候，一天蹲下来腿酸得要命，抖得站不起来。

每日天刚亮就开工，天黑透了才歇工。师傅经常会提醒小江，要抓紧学，学得快，手艺要学得比别人好，将来才有出路！江安然铭记在心，除了节假日放假回家，江安然把心思全部扑在了手艺上。

一个篾匠徒弟，一般需要跟着师傅学六七年才能出师。

江安然为人勤快，肯动脑筋，技艺长进很快。三年刚满，师傅就给他全额工资了。那年月，一天的工资才1.05元，师傅也如此。师徒拿一样的工资，足见江安然在师傅心目中的分量。

第四年，他已能独当一面，已经有很多亲戚请江安然做竹编、打农具了。第五年，师傅的新徒弟，也就是江安然的师弟，师傅都叫他帮着带了。到了第六个年头，他婉拒了师傅的好意，决定独自闯江湖了。

春天做农具，秋后做嫁妆。这是篾匠最吃香的时节，农家又要请篾匠了。江安然经常被左邻右里请到家里做篾器，被好酒好菜地招待着。那真叫"风光地上门，踏实地做事，体面地拿钱"。

有一句俗语："嫁给做篾郎，一双锉刀带上床。"就是说做篾人的双手很毛糙，到处都是小伤口。在家里，江安然的妻子很理解他。

昌化山区的竹编工艺精美细巧，具有浓郁的地方特色，其中，最有代表性的要数竹编嫁妆。20世纪90年代以前，在昌西地区，女儿出嫁必备竹编嫁妆陪嫁，有茶篮、火熜、篾箩、鞋箩、烘篮、果子篮、果子箩等等。每件器具的提梁一侧都要写上女方名字。竹编嫁妆制作工艺的粗细程度，代表新娘身份的高低呢。

竹编嫁妆的图案，那真叫精致，用竹子本身和染成黑色的竹篾编制，色彩朴素强烈，有八盘花、十二盘花、二十四盘花之分，大都是表现喜庆吉祥的纹样。打制这样一套竹编嫁妆，需要 80 天呢。真是慢工出细活。如果一个冬天遇上好几户人家嫁女，都要来请竹匠师傅，那真是有得忙了。

巧手妙融三春景，神思喷涌七彩虹

23 岁的江安然，成了昌西一带小有名气的竹匠师傅。这不，连昱岭关那边的安徽人，也慕名赶来学艺。江安然收了 3 个徒弟，都先后出了师。做师傅的，脸上有光啊。

人们都说篾匠吃的是"百家饭"，走村串巷，吃喝不愁，生活无忧。风水轮流转，后来，随着塑料制品、铝制品、不锈钢的出现，竹篮、竹筛、竹筐、竹篓……这些曾经必需的生活篾制品就慢慢地淡出了人们的视线，从事篾匠这门古老手艺的人渐渐少了。

值得庆幸的是，近年来，随着人们环保意识的增强，篾制品逐渐又有了不错的市场。

农闲之余，这位老篾匠又操起了旧业。江安然说，看着篾条在手指间欢快地跳跃，觉得很开心、很充实。你看，他单腿跪地，另一只脚踩在削刀上，摆开了架势。只听"刺啦"一声，刀前结起了一朵好看的篾花。

腾挪翻转、挑剔挡压，篾匠那十个指头的协调配合，简直是和谐美妙、天衣无缝。你看，手上的篾片已经和他融为一体了！

江安然开心地说，竹编作为昌西地区民间特色的手工艺，已引起政府有关部门的重视，昌化竹编被列入了浙江省非物质文化遗产代表性项目名录，他也成了非遗项目第三代传承人。

市场总是在不断变化，他开始认真思考竹编艺术新的出路，立志革新竹编的传统工艺。如今，江安然独创了几招竹编的"新套路"。

江安然拿起身边一个很精致的竹篮子，说："这个竹篮很讲究，特意安了一个盖，而且盖面采用双层竹编，里外纹样不同，我这样编一只需要半个月工夫。"

是啊，眼前这个竹篮精美细巧，色泽光亮，简直是上等的工艺品。细看，盖子上织了牡丹的图案，篮子底部编了熊猫的图案，而且底部一圈还镶嵌了"昱岭关"三个字。真不简单！

就是这样一只不同寻常的竹篮，备受人们喜爱，许多人都争相上门订购。

竹编书画，是江安然的第二项"新套路"。以篾丝为笔墨，将传统书画与竹编技艺完美地结合起来。江安然常常以嫦娥奔月、梅兰竹菊、毛主席诗词等题材入画。画面上那些细腻的线条，都需要用竹篾来表现，常人是很难想象的。据介绍，他要根据图案的精细程度进行分丝，分丝后的竹丝，薄如蝉翼、柔如绸缎，最窄的竹篾仅有 0.5 毫米呢!

醉心于竹编艺术，潜心研究竹编技法……直径纬编、三角眼编、转角立体编、回旋还原编等等，被江安然琢磨个透，长长的竹丝在他手下立刻就变成了各种美妙的图案。

真没想到，江安然让这门老行当来了个华丽转身，让这门古老的民间艺术散发出了乡土文化独特的魅力。

现年 60 岁的江安然不无欣慰地告诉我们:"现在，做我们这一行的人年纪慢慢大了，年轻人有兴趣的也不多。好在政府很重视，这个行当不会失传，那是顶好了!"

让他感到高兴的是，2009 年昌化竹编被列入浙江省非物质文化遗产代表性项目名录。2013 年，江安然被认定为杭州市第四批非物质文化遗产项目代表性传承人。杭州、临安电视台专门对他进行了采访。栏目播出后引起了很大的反响。那年暑假，更让他终生难忘。浙江美术馆举办了一场别开生面的以"怀旧民族风"为主题的手工艺体验，江安然应邀参加现场表演。他边讲边做示范，很快编出了一个"囍"字，熟练的技法获得了阵阵掌声，场面还真有些火爆。

江安然独创的竹编书画艺术品既有丰富的文化内涵，又具有独特的编织技艺，形成了别具一格的艺术流派。他的作品先后获 2011 年杭州市第 25 届科普宣传周"竹编竞技交流活动"民间竹编工艺品铜奖、2011 年中国(浙江)非物质文化遗产博览会银奖，他的《南湖红船》获临安市传统手工艺绝活金奖。2013 年 6 月，被评为临安市民族民间艺术家。

岁月悠悠，现代生活中，除了竹筷、竹椅还没有淡出身影，尼龙折伞打碎了竹笠的田园牧歌，席梦思早已代替了竹床，竹壳热水瓶几乎变成了文物……老一辈们薪火相传的行当，正逐渐退化为乡村的记忆。现代文明总是在不经意间无情地抹杀传统的民风民俗。

幸好，还有如江安然这般仍然坚守着老底子的手艺人，让我们得以见证这项既寻常又神秘的竹编工艺，窥见一个忠诚民间艺术的文化灵魂孕育发展的心路历程。

（作者:陈利生）

"万绿丛中一点红"

——九曲红梅"中国茶·世界香"

茶为国饮,中国茶文化源远流长。千百年来,种茶、制茶、饮茶已成为中华各民族的生活习俗,由此也衍生出了博大精深、多姿多彩的茶文化。古往今来,无论是历代文人生活中的"琴棋书画酒诗茶",还是平民百姓生活中的"柴米油盐酱醋茶",茶都是不可缺少的,它对社会生活和社会发展均产生了很大影响。

中国茶历史悠久、品种繁多、万紫千红、竞相争艳。在素有"人间天堂"之称的浙江杭州,除了有着1300多年历史、闻名世界的绿茶代表——"西湖龙井"外,还有一种被誉为"万绿丛中一点红"、被评为第三批浙江省非物质文化遗产名录代表性项目的红茶珍品——"九曲红梅",如今也以亮相G20峰会、惊艳雅加达亚运会的方式,向世界绽放别样的光彩。

"落地生根"发扬光大　崭露头角尽显特色

"九曲红梅"简称"九曲红",其色红香清如红梅,是浙江28种名茶中唯一的红茶。"九曲红梅"生产已有近200年历史,它源于武夷山的九曲,当时由于闽北、浙南一带农民北迁至大坞山一带落户,开荒种粮种茶,以谋生计,制作九曲红,带动了当地农户的生产,这才使得"九曲红梅"在杭州落地生根,后经一代代茶农的精心培植和改良而形成了独特的红茶制作技艺,获得了又一次的"重生"。

如今,作为西湖区传统拳头产品的"九曲红梅"产于该区双浦镇周浦的湖埠、上堡、大岭、张余、冯家、灵山、社井、仁桥、上阳、下阳一带,尤以高500多米,山顶为一盆地,土质肥沃、群山环抱、林木茂盛、云雾缭绕的湖埠大坞山所产的品质最佳。优越的自然条件非常有利于茶树的生长,为

九曲红梅

九曲红梅的发展创造了良好的条件。其品质以大坞山所产居上；上堡、大岭、冯家、张余一带所产称"湖埠货"居中；社井、上阳、下阳、仁桥一带所产称"三桥货"的居下。

"九曲红梅"外形弯曲细紧如银钩，抓起来相互勾挂呈环状，披满金色的绒毛，色泽乌润，滋味浓郁，香气芬馥，汤色鲜亮，叶底红艳成朵。它风韵独特，色香味形俱佳，是优越的自然条件、

茶汤色

优良的茶树品种，与精细的采摘方法、精湛的加工工艺相结合的珍品红茶。又因其具有解渴养胃，消食除腻，明目提神，健身祛病之功效，深受消费者的青睐。1886 年，"九曲红梅"惊艳美国巴拿马万国博览会，获巴拿马国际食品博览会金质奖章；1926 年，亮相美国费城世界博览会；1928

晒鲜茶叶

年,参展(上海)工商部中华国货展览会;1929年,扬名杭州首届西湖博览会,被评定为全国十大名茶之一,并在中外博览盛会上屡屡获得大奖。

"八大手法"代代相传　　"匠人匠心"一脉相承

　　"九曲红梅"红茶制作技艺始创于清光绪年间,兴盛于民国时期,是以杭州市西湖区双浦镇灵山一带种植的茶叶为原料,通过独特的加工手法和发酵程序,制作出被茶学家誉为"万绿丛中一点红"的红茶。该技艺包括采摘、阴摊、萎凋、揉捻、发酵、干燥、储藏七个步骤,共有"摊、捏、捻、翻、揉、搓、闷、筛"八大手法。制成的红茶茶形虬曲、茶性温和、汤色红艳、茶味香甜、茶韵悠绵,充分展示了茶农的智慧和丰厚的文化内涵。与西湖龙井不同的是,"九曲红梅"采取发酵而非炒制的方式,因此其采摘的青叶须大而嫩。其采摘标准要求一芽二叶初展;经杀青、发酵、烘焙而成(关键在发酵、烘焙)。采摘是否适期,直接关系到茶叶的品质。该茶以谷雨前

斗茶评比

后为优,清明前后开园,品质反居其下。摘完青叶先是晾晒至搓捏起来有
簌簌声后,再移至锅内进行揉软工序,直至青叶发红后再次晾晒,八九成

干时用尼龙袋包装,扎紧令其发酵,之后仍是晾晒,至九成半干后搁白炭上烘,如此这般,"九曲红梅"的香、黑、细就出来了。可以说,"九曲红梅"制作凝聚了茶农的辛勤汗水和制茶师傅的高超技艺,更是"工匠精神"的完美展现。

出生于1947年、拥有农艺师职称的冯赞玉,是第三批浙江省非物质文化遗产代表性项目"九曲红梅茶制作技艺"代表性传承人,居住在双浦镇双灵村。他从小跟堂爷冯品治、堂叔冯鸣孝等学习制茶技术,1975年被推荐进初中教农业课,后在农技站分管种植业技术,重点指导茶叶栽培和九曲红梅茶的制作,退休后供职于杭州福海堂茶业生态科技有限公司,1989年被授予"杭州市劳动模范"。如今,70多岁高龄的冯赞玉师傅,仍然为"九曲红梅"的传承发展而尽心尽力,如今他担任了梅龙草堂的监制,以确保产出高品质的红茶。

冯赞玉

出生于1972年的鲁华芳,是第一批西湖区非物质文化遗产代表性项目"九曲红梅茶制作技艺"代表性传承人,也是冯赞玉的徒弟。生长在龙坞的她,在茶园长大,从小受到种茶、采茶、制茶的魅力熏陶。1999年,27岁的她创建了梅龙茶文化有限公司。2013年,她拜"九曲红梅"制作技艺的唯一传承人冯赞玉为师，跟随其钻研"九曲红梅"制作工艺，把宣传"九曲红梅"和制作"九曲红梅"视为自己一生的使命。如今，鲁华芳推广中国茶文化近20年，已成为杭州茶文化传播的领军人物，荣获全国巾帼建功标兵、杭州市三八红旗手等称号，并担任西湖区第五届政协委员、国家高级技能茶艺师、中国佳茗大使、中国九曲红梅传播大使、国际武林斗茶大会裁判等，为杭州西湖茶文化的发展做出了卓越贡献。如今，她也有了自己的徒弟，继续从事"九曲红梅"的传承。

开拓创新树立品牌　走出国门绽放光彩

为打造集采茶、制茶、售茶、品茶等于一体的"九曲红梅"传承、体验、宣传、教育基地，鲁华芳创立了梅龙茶文化有限公司，建立了杭州西湖区梅龙茶文化传播中心（梅龙草堂），并和冯赞玉老师一起将传统制茶工艺和现代制茶理论相结合，对制作过程中的阴摊、发酵及烘干工艺做了大胆的改革、创新，现成茶香气、滋味变优，品质明显提高，产品深受市场消费者的喜爱。如今，公司拥有"九曲红梅"原产地出品九曲红梅茶树180亩，建有茶文化专家团队（由虞荣仁、祝水华、冯赞玉、樊生华、张莉颖、鲁华芳组成）、艺术创意设计专家团队（由宋浩霖、吴德隆、吴继新、连放、曾童明、邹小军组成）、非遗文化传播专家团队（由林正秋、沈立新、殷锐、冯赞玉、樊生华、鲁华芳组成），设有茶艺培训教室3间，并定期举办茶艺师培训，建有中国首家市级主题图书馆——杭州图书馆茶文化主题分馆1个，并作为杭州市西湖职业高级中学茶文化实训基地等，致力于"九曲红梅"茶文化全方位、多角度的宣传推广。

为了更好地宣传"九曲红梅"、将其带向更广阔的世界，鲁华芳和其梅龙团队多年来积极参加各种文博会、茶博会、休博会、非遗展、公益宣传活动等，讲述"九曲红梅"的前世今生，宣传"九曲红梅"的制作工艺、优良功效及各类知识，开展茶艺表演等，使"九曲红梅"渐渐走入大众的视野，被众人所熟知、所喜爱。据不完全统计，"九曲红梅"每年受益人达几万。2016年起，鲁华芳与西湖区妇联合作，专门开设了公益的茶艺培训讲座；走进中小学、大学传授茶文化知识，让更多的人学习茶道、爱上红茶；在西泠印社、阿里巴巴蚂蚁金服、海康威视、中国茶叶博物馆、浙江省博物馆、中国美术学院、浙江电视台、绿城集团、中国农业银行、小百花越剧团都能见到"梅龙草堂"的茶。此外，梅龙团队也十分注重国外文化交流与推广，将茶文化传播到世界各地。2015年，"九曲红梅"被列为国际武林斗茶大会指定用茶；2016年，"九曲红梅"被列为杭州G20峰会指定用茶；

2017年，"九曲红梅"被列为"一带一路"中东欧16国文化交流专用茶，并在第九届非遗博览会上接待中东欧十六国文化部部长，让各国的文化部部长品味和感受了非物质文化遗产"九曲红梅"的茶香意蕴；2018年，"九曲红梅"应邀参加第十八届雅加达亚运会，再次亮相"国际舞台"、名扬四海。同年，还在巴黎的中国文化中心进行了九曲红梅的展示与推广，做到了"中国茶，世界香"。

（作者：吴哲）

那唇齿间的一缕乡味

——萧山萝卜干制作技艺

　　一提到萧山，即便不太了解她的异乡人都能随口蹦出"萧山萝卜干"几个字眼，可见其确实名声在外。

　　萝卜，别名莱菔，宋人林洪《山家清供》中载有《萝菔面》："常捣萝菔汁、搜面作饼，谓能去面毒。"民间也有"冬吃萝卜夏吃姜，不劳医生开处方"的谚语，素有"土人参"之说的萝卜，以其物美、价廉、功效好被平民百姓当作食疗佳品。据说，南宋诗人叶绍翁几十年间每饭必食萝卜，可见其对萝卜大为推崇。萧山人则把这种对人体颇有裨益的蔬菜做了改良，使其不仅美味可口，更方便长途运输、长期贮藏，发展成为具有鲜明萧山特色的一大本土食品——萧山萝卜干。

　　萧山萝卜干主要产地集中在东片沙地地区，"萝卜路边草，要吃不用讨"说的就是沙地萝卜之多，俯首即是，并不是什么稀罕物。据说，萧山萝卜干距今已有几百年的历史。相传，有一个叫许承一的人，带着家眷从十公里外的马鞍移居党山，以晒盐为业，旧址在

切除萝卜叶子

党山老盐仓。长工们无意中发现萝卜掉进盐池几个月不坏,便灵机一动,以卖萝卜的方式卖盐,古时候盐是官府统购的,买卖私盐要吃官司,老百姓就只好打个擦边球,制作出了从盐萝卜到晒萝卜干,一直到目前享誉内外的三晒三腌工艺的萧山萝卜干。

不过,这种传说是否为萧山萝卜干的起源可能就仁者见仁、智者见智了。其实,腌制、晒制果菜,在中国古已有之,古代南方的百姓没有地窖,更没有冰箱,盐成了天然的冰箱。《诗经·信南山》:"疆场有瓜,是剥是菹。""菹"即腌制,古代主要用盐渍法进行叶菜类的加工。既然可用盐渍法对叶菜类进行加工,也不妨可推衍至萝卜。再一想,萧山萝卜干能够大范围的传播,也许确乃与萧山东片一带从事江盐生产有一定联系。众所周知,沿海一带因地理优势,捕鱼、制海盐发达,故有"滨海

切萝卜

腌制翻缸

居人以鱼盐为生"之说。虽然萧山并非沿海而居,但位于入海口附近,依傍天然优势,其盐产区就在沙地,当地老百姓用特殊制盐方法取盐,制盐业千年不断,但是盐被官府垄断,百姓不可贩卖私盐,意外的启发成就萧山萝卜干也是有可能的。

很早以前,萝卜干的买卖由私人收购商进行,小店主们会雇佣脚夫

用专用的木杵捣实

摊在芦帘上晒制

在芦帘上翻晒萝卜干

将羊角车装好的一批批萝卜干运往大店主那里，再统一运往上海等大都市。羊角车只有一个独角轮，车身两边高、中间低，是那时短距离交通的重要运输工具，通常脚夫们套上固定的车绳，把握方向往前拉，别看车小，只要脚夫熟练倒也轻快。嘉庆十八年（1813年），原属海宁县而此时位于江南的赭山、河庄山等地，划属萧山县。河庄（古称城隍庙）渡口，以及头蓬北面三岔埭、曹案埠、小泗埠三个小镇每个镇一个渡口，用船渡到海宁。再后来，中华人民共和国成立后公私合营，萝卜干等农产品由供销社统一收购，每年的10月左右开始收购萝卜干的半成品，再统一进行加工。

萧山传统萝卜干之所以远销内外，与其用"一刀种"萝卜密切相关，也和它传统的制作技艺密不可分：经过"一洗、二切条、三风晒白条、四腌制、五风晒、六回缸、七风晒、八回缸、九风晒、十入坛"等十道工序、三晒三腌，做出来的萧山萝卜干味道正宗、品质上乘。江苏的常州、如皋及如东萝卜干，南方的五香萝卜干等与之齐名。外销各地的萧山萝卜干品相美观、口感香甜、兼有消食开胃之功效。据《中国土特产大全》记载："食之有消炎、防暑开胃的作用，是早餐佐食之佳肴。"有人得了暑气，胃口欠佳，家人会蒸上一碗萝卜干汤，饮后顿觉气爽；有人小病初愈，虚不受补，来一碗清粥配一碟萝卜干倒也爽口落胃。更有甚者，去国离乡经年，不知不觉得了怀乡病，某日得突然造访的亲戚故旧送来的一袋萝卜干，谈着家常过往，把萝卜干当零嘴嚼着，嚼着笑着自然"病"好了一大半。

曾经，萧山家家户户都会做萝卜干。

在老一辈的印象中，农村里每逢冬天天气晴好、北风呼啸，老底子家家户户门前的空地上铺满篾席、竹笪，上面是带着太阳暖香的萝卜干，几个农妇拿着竹耙，把从缸里取出的萝卜干耙开，信手还挑拣出几根试一下口感。现在，坊间做此类萝卜干的人是越来越少了，只有一些酱菜厂还从事着这个老行当，传承着这门老手艺。杭州萧山党山酱萃食品有限公司是省级生产性保护单位，杭州萧山梅西八字桥酱菜厂是区级生产性保护单位。当厂区里一根根带着乡味的萝卜干以特别壮观的姿势充斥眼帘，工人们娴熟地挑选装袋时，它提醒着我们，曾经，萝卜干是老百姓省吃俭用制作的家庭小菜，也是困难时期，国家用来应对不时之需的战备物资。现在，这些焕然一新的萝卜干将会被运上车送到全国各地，成为饭桌上的美味佐餐，也会成为本地人馈赠好友亲朋或来杭的游人带回家乡的伴手礼。

要说坚守萧山萝卜干制作技艺，那自然也离不开我们一代又一代的传承人。目前，萧山萝卜干拥有浙江省级代表性传承人马国荣，萧山区区级代表性传承人王跃泉、方建明。

这里,不得不提到马国荣的创业故事,他是杭州萧山党山酱萃食品有限公司的负责人。别看他如今生意做得风生水起,殊不知当年起家那会的一波三折,情节跌宕堪比电视剧。党山酱萃是一家老字号企业,是供销社蔬菜厂传承下来的,他的父亲原是供销社蔬菜厂的负责人,因为这个机缘,马国荣从七八岁开始就经常随父亲去蔬菜厂玩耍,一来二去就对这些蔬菜有了感情。顺理成章,十七八岁就进入蔬菜厂打零工,开始对加工工艺流程有了最初的认识。二十几岁参加了党山供销社工作,被分配在土产部,几年的土产部工作使马国荣很快走上了负责人的岗位,独立承担农副产品的经销、调存以及加工,多次被供销社评为先进工作者。

随着形势的发展,供销社体制进行了改革,1989 年他承包了党山供销社蔬菜加工厂(党山酱萃的前身)。是年,小包装榨菜风靡全国,萧山萝卜干还是坛装销售,不仅运输销售麻烦,且附加值很低,销售吃力。这个问题像紧箍咒一样深深地套在马国荣的脑海中,他想:"榨菜可以小包装,我们萝卜干为什么不可以?"

夫妻俩经过反复思考后,还是被想把萧山萝卜干做大的信念说服。"撸起袖子加油干",二人一边向海宁斜桥榨菜厂借来真空机,向朋友借了七千块钱到普陀塑料包装厂做袋子,虽然简陋、仓促,但小包装萝卜干就这么诞生了。随之而来的问题再一次困扰了马国荣,由于萝卜干小包装比榨菜难度大,榨菜采用不透明袋子,而萝卜干是透明袋子,导致必然存在涨包、发黑、发酥、发酸的隐患。这些问题就像四座大山压在传承人的肩上,次次的失败使马国荣一家背上了沉重的债务,连亲朋好友都劝他别再搞下去了。但他似乎吃了秤砣铁了心,他对萝卜干的这份执着,妻子看在眼里,更下定决心要与丈夫一起共渡难关。马国荣将商品房卖掉,再投入小包装萝卜干的生产,同样遭受又一次血本无归的失败,烧了一锅饭没人吃,睡在床上不脱衣,人都要脱相了。但一次次失败也是经验积累,马国荣仿佛看到了希望的曙光,一方面他的妻子又厚着脸皮再向亲朋好友借钱,另一方面他到省农科院参加培训,学习现代化酱腌菜的发酵加工技术。在浙江省农科院沈国华教授的指点下,经过一次又一次的探索实践,真是苦心孤诣天不负,1996 年马国荣终于取得了小包装萝卜干的成功,传统的加工工艺与现代化的科学配方相结合,研制成功了畅销全国的可口萝卜干小包装,同年党山牌可口萝卜条被浙江省科委评为优秀科技农产品。对萧山萝卜干产业化的摸索不仅是独此一家的努力,而是好多像马国荣、王跃泉等企业家同心协力的结果。

也许有人问,萝卜干无非是餐桌上佐餐而已的一个小菜罢了,这么多道工艺着实太麻烦,这些传承人的坚守是否必要?简易版的萝卜干也一样啊,在快节奏的生活中,谁还在乎那些?或者就算少一道工艺又有谁来追究?但我们很庆幸,如今,我们的"萧山萝卜干制作技艺"被列入浙江省非物质文化遗产代表性项目名录。这种传统的技艺不仅承载着一辈辈人脑海中挥之不去的技艺,更延续着我们传统文化的魅力,老一辈留下来的手艺,像是一个时光深处的钟表匠,把这个日新月异的世界拨慢一秒又一秒。当然,萧山萝卜干的发展,除了需要对传统技艺的传承和保护之外,也必须进行生产性保护,现代化结合传统也是一种出路,不管"风脱水"还是"盐脱水"技术,不管人工和机械化,传统的保护与创新发展并不相悖。

萧山萝卜干,不仅仅是我们萧山人的一种美好的念想,也是很多人品味极简生活的一种追求。"白菜青盐糙米饭,瓦壶天水菊花茶",质朴、自然、单纯的生活才是人生的至味,酷热午后或是寒冷冬夜,若案旁有一碗清粥、一碟萧山萝卜干,如此甚好!

(作者:朱华丽,本文部分资料由马国荣、姚坚定等口述提供)

邵芝岩毛笔制作技艺：笔底春秋

　　清朝末年，有一位勤劳的小伙背竹篓、扛花锄，行走在西湖群峰的青山翠谷中。

　　小伙子家有多病的老母要奉养，一心想着多挖些兰蕙换几升米。走呀走，走到美丽的大青里。他猛觉拂面的清风中飘送来一阵兰花沁人肺腑的香气。他顺悠香，寻花踪，荆棘划破了衣裳，刺伤了手脚，终于在一棵梅

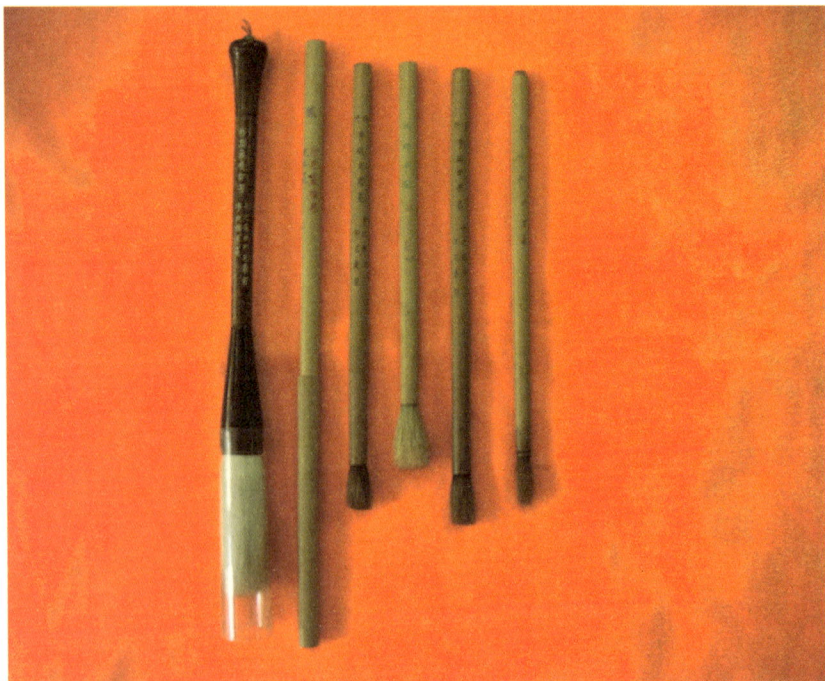

邵芝岩毛笔

树边，发现一枝兰花正含春露盛开，便小心翼翼地挖出来。这是一株怎样的兰花呵：神奇的兰开并蒂，绿如翡翠，晶莹剔透，美若仙子的云裳玉带，焕发着奇光异彩。它主叶短阔，长约五六寸，花开并蒂多达八九瓣。花有二奇：一是仅开一朵并蒂花，二是叶枯后才发芽。此花不同凡响，被载入《花谱》，取名"绿云"。

　　杭州是书香名城，自古以来文人墨客集聚于此，吟诗作画，以书焕彩。清同治元年（1862），杭州人邵芝岩在官巷口闹市区的三元坊开起了一爿前店后坊的"邵芝岩笔庄"，取名"粲花室"。从此，江南一带毛笔的制作就首推"邵芝岩"——我国最早的生产和经营为一体的专业笔庄之一，快

邵芝岩笔庄

速崛起并成了行业之翘楚。

由于店主善于经营，并酷爱兰花，且慧眼识宝，以五百两纹银的重金购买下这朵来自

西子湖畔深山大青里的稀世珍兰"绿云"，陈列在自家的笔庄里作为"镇店之宝"。一时门庭若市，赏花者云集。兰之名贵倾倒省城众多风雅文士。随着并蒂兰淡雅的清香远播，人们竞相前往观赏，络绎不绝，笔庄之名也迅速遐迩皆知，声誉大震。

邵芝岩店主从中获得灵感，构思精妙，创意独特地把自己生产的毛笔趁热打铁以"芝兰图"为商标图案。左为花瓶里插"灵芝"，寓邵芝岩的"芝"字；右为一盆"绿云"兰花，寓意笔庄产笔的名贵奇特。一时间"芝兰图"名动江南，掀起了一波经营销售大潮。

其实关于"毛笔"的史话，源远流长：公元前223年，秦国大将蒙恬在战事紧急的情况下，用兔尾巴毛插在一根竹管上，蘸上墨汁，试着用它来写字，没想到兔尾竟然变得非常"听话"，吸足了墨汁，写起字来非常流畅，字体也变得圆润饱满。由于这聿是以竹管和兔毛做成的，蒙恬就在"聿"字上加了个"竹"字头，把它叫作"笔"，这就是毛笔之名的来历。

好钢用在刀刃上。芝兰图毛笔以"选料必精，加工必严"著称。别看小小一支毛笔，但每一支都需经笔料、选毫、梳毛、造型、水盆、结头、装套、蒲墩、镶嵌、择笔、刻字等120余道工序，每道主要工序分别由技工专司。正是因为它制作工艺流程的烦琐，制作选料精细，工艺精湛，才能达到讲究锋颖尤显其独特之处，以"尖、齐、圆、健"四德具备而著称，也叫"四绝"。

所谓"笔之所贵在于毫"，笔庄对笔料毛的产地、采集季节及部位均有严格要求。山羊毛、山兔毛选自太湖流域地区，山羊毛最北到江苏南通一带。狼毫所用的黄鼠狼尾毛要至东北采集。笔管料除青梗竹管从本地安吉山区采集外，其他竹质笔管则去我国的福建和湖南一带采办湘妃竹，因

邵芝岩毛笔制作

为这些湘妃竹有天然花纹，而且挺拔端直。山羊毛、山兔毛、竹笔管均须在冬季采集，称为"三冬"。制笔时的选料也极为精细，如一枚"七紫三羊"所用的紫毫，只能用野兔背脊上那一小撮弹力特佳的毛。每千只山兔仅有紫毫一两上下，故有"紫毫之价如金贵"之说。

邵芝岩笔庄生产的芝兰图毛笔种类按笔毛材料分，主要有羊毫（山羊毛）笔、狼毫（黄鼠狼尾毛）笔、紫毫（山兔毛）笔、鸡毫（鸡毛）笔、兼毫（兼有两种以上的毛）笔等五大类各具特色的毛笔，同时根据笔毛的软硬程度，总体上分为软毫笔（如羊毫、鸡毫）和硬毫笔（如紫毫、狼毫），又有兼毫，兼具软、硬毫的特点。

羊毫，按锋颖长短，分"长锋""中锋"和"短锋"；长锋羊毫锋颖长，锋腹软，以贮墨多，书写中可顺笔婉转，一气呵成为特色。传统行草书法讲究"贯气"，用此尤宜。中锋羊毫属普及型，短锋羊毫适书写，更适绘画。狼毫精选黄鼠狼毛作为原料，书写绘画苍劲有力。紫毫锋颖坚挺，与羊毫性能恰好相反，书写绘画别开生面。兼毫则由混合毛制作，多以山兔和山羊毛配制而成，因用料软硬皆有，书写时刚柔相济，妙不可言。

正是因为如此精湛的工艺和高超的技术，2007年，邵芝岩笔庄毛笔的制笔技艺被列入杭州市第一批非物质文化遗产名录。

有个故事不得不说：当年著名书法家唐驼来店定制毛笔，要求笔头垂桌面下揿，直至笔头散开，再提起笔来，笔头仍能紧裹，复原如初。数日后，笔制成，唐驼试用后并不满意。笔庄不厌其烦，愈时年余，重制达八次才让唐驼称心如意。此笔即命名为"唐驼八次改定屏联笔"。

笔，为文房四宝之首。无疑，笔底凝聚着中华文化博大精深的品格。风雅之士用它来点画江山，抒发情怀。笔端奔动春秋烟尘，笔底滚过寒暑风霜；几多酸甜苦辣，唯有书生自知；几度呕心沥血，无愧纸上人生。

邵芝岩笔庄由于过硬的质量和海内外的口碑，"芝兰图"毛笔不仅曾被列为朝廷贡品，而且在南洋劝业会、首届西湖博览会、美国费城博览会等12次中外赛会上连连获奖，有特等金牌四枚，一等奖和优等奖四次等，如"南洋劝业会优等奖""首届西湖博览会特等奖""上海商品陈列展览会优等奖""美国费城展览会荣誉奖""巴拿马国际博览会三等奖"等。更有"特制玉兰蕊""福禄寿喜庆""大富贵亦寿考""极品长锋宿羊毫条幅笔""精品鹤脚"及"兰竹""山水"等名笔，皆为笔之上品。

邵芝岩笔庄经历的创业、发展，由成长到成熟的过程，躲避不开时代变迁的风雨。

笔庄创始人邵芝岩故世，传其子邵小岩，再传其孙邵静山，再传其曾孙邵克文。"文革"时期，一度撤并，改革开放后才复业，重整旗鼓。20世纪80年代的《杭州日报》曾经报导过这样一则新闻，说是有一位日本顾客想买一批芝兰图毛笔，但左挑右挑，总怕有假，邵芝岩的营业员当场打散其中一支毛笔的笔毛，证明全是黄鼠狼毛所制，货真价实。日本友人不禁肃然起敬，连连道歉，当即买下了全部毛笔。邵芝岩毛笔店重品牌、重诚信的经营理念，由此可见一斑。

一百多年来，邵芝岩笔店一直没有离开过中山中路，典雅大方的门面似乎述说着岁月的故事。如今的笔庄仍坐落在中山中路，仍保持前店后场的格局。门前悬挂"邵芝岩笔庄"五字是赵朴初题的。营业面积仅数百平方米，分为上下两层，工场及库房在中山中路290号，走进店堂就像进入毛笔的博物馆和展览会：各种质材，各式规格的毛笔，精彩纷呈，琳琅满目。特色服务有：能定制特色笔"宝宝胎发笔""夫妻结发笔""情侣笔"等等。中堂高悬严济慈题的"粲花室"三字，笔庄规模并不大，但题匾书额的都是全国人大常委会副委员长、全国政协副主席一级的人物，真不可小瞧！

店不在大，有"魂"则名也。多生气勃勃的笔庄，多生气勃勃的老店，皆因有"魂"——这就是名牌老店独特的文化底蕴：那股子充溢着人文血脉的底气儿！邵芝岩的毛笔售出了一批又一批，蘸着或浓或淡的墨水，在竹简上、绢帛上、白纸上，书写着灿烂辉煌的古国文明史，留下了中华祖先在文明进程中的每一个足印，留下了朗朗上口的诗词曲赋，还有那浩如烟海的书画瑰宝……

创新才有生命力，周恩来总理访日时，曾挥毫写下"雨中岚山"四字，邵芝岩笔庄据此精心制作了一套"雨中岚山"笔，颇受客户欢迎。年逾八旬的沙孟海在拍纪录片时，用一支拐杖似的大笔挥写"龙"字。这支长一百厘米的椽笔即为笔庄老师傅精心特制。应顾客之需，笔庄又开发"翰墨香""缶岳缘""大中小湖颖之冠""芝兰""大中小仿古纯光锋"等新精品，积极地去搏击市场风雨。

芝兰图毛笔，这是一支让中华儿女昂首挺胸、自信骄傲的文明之笔，也是一支传承杭州历史文脉的灵动之笔。

2009年，邵芝岩毛笔制作技艺被浙江省人民政府列入第三批浙江省非物质文化遗产名录。

毋庸讳言，作为传统文化工具的毛笔，正在逐渐淡出今天普通老百姓的日常生活，就连文化人也越来越趋向于与鼠标进行"亲密接触"。面对日益萎缩的市场，邵芝岩笔庄的经商策略不得不与时俱进，一边坚守传统阵地,一边开拓市场,在生存中求发展。

不过也不必杞人忧天,笔者欣喜地看到,杭州国际动漫节主题标志正是卡通化的"笔和鼠标"图案:笔象征古朴韵律,精致典雅;鼠标象征快捷简洁,通俗普及。在传统与现代的碰撞中,挑战与机遇并存,百年老字号的邵芝岩笔庄,只要努力,终将会迎来风雨过后的彩霞满天。

(作者:许柳雅、沈志荣)

天竺筷：箬竹源佛地，名筷誉江南

从灵隐到天门山，周围数十里，统称为天竺山。

我国古代把印度称为"天竺"，普遍认为印度乃佛教发源地，中印之间佛教文化的交流颇为频繁。杭州市佛教的传播及寺院的兴建，与印度和尚慧理的来访有关。《天竺山志》记载："东晋咸和初，慧理来灵隐卓锡，登武林警曰：'此乃中天竺国灵鹫山之小岭，何年飞来此地耶？'"由此，山名"天竺"，峰称"飞来"。后人把峰南所建各寺称"天竺寺"，分上、中、下三竺，慧理遂成灵懈、天竺开山祖师。

大叶箬竹

佛教胜地，山色清幽。千年古刹，寺宇壮丽，高僧辈出，香客如云。时光数着天竺山三寺的晨钟暮鼓，沉静地流淌。

佛院承载着虔诚的信仰，于大慈大悲的念诵中沉淀。

山气日夕佳，飞鸟相与还。数不清的名树古木在群山中尽情汲取天地精华，七叶树、枫香、紫楠、黄檀、榆树，那是天竺山上的大家闺秀；遍地而生的大叶箬竹，则是晶莹清润的小家碧玉。

大叶箬竹，又称阔叶箬竹，植株纤细矮小，是多年生常绿灌木，普遍高不到两米，竹粗不到一厘米。这矮小的竹子品种习惯以谦逊的姿态静默，已不知沉寂了多少年。所幸天地不曾薄待它，它在餐风饮露中，在时空墨色的沾染中，渐聚顽强的适应能力，故此蓬勃拔节，或绕寺丛生，或依山拢翠。

也许听遍禅院内的诵经念佛之声,它也具备了普度众生的悲悯情怀,钟灵毓秀之地蕴蓄的物华天宝必定有其物尽其用的时机。清朝光绪年间,天竺山上的法镜寺、法净寺、法喜寺佛缘甚广,香客盈寺。忽一日,不知哪一寺内的僧人,为接应众多香客的素斋,就地取材,"折箬竹成筷",解决了筷子短缺之急,又可供香客餐后带回做纪念。一时间周围的村民纷纷效仿。有心灵手巧者还在筷身上雕花,在筷头上修饰,出售给香客与游人。

一切看似偶然,实则也是必然。这箬竹的矮小、纤细,原本是个缺憾,不想到了此时,恰恰成了做筷子的良材。

"天竺筷"因此得名。

箬竹产自灵山佛地,沾了佛光,自然暗合了国人祈盼"佛祖心中留,福气好相随"的心愿,前来杭州的香客与游人争相购买,天竺筷的声名远播东南亚。到了民国时期,制筷工艺经多年的改进,已日臻完善,杭州市内就流传着"天竺筷出了名,做煞了大井人"的俗语。宋美龄曾到杭州,购买天竺筷作为国礼,分赠给各国的使节夫人。这一段历史被收录在了《西湖志》中。

天竺筷的传承谱,从第一代技艺传承人潘三四算起(清朝光绪年间),中间历经第二代技艺传承人平阿大、平阿二(民国期间),到第三代技艺传承人许明华(中华人民共和国成立初期),到第四代技艺传承人李国祥(中华人民共和国成立初期),天竺筷迎来了它的鼎盛时代。在杭州19世纪中后期到20世纪中后期的百年制筷史册上,挥毫泼墨,洒脱淋漓,创下了"江南名筷"的美称,成为中华名筷之一。

它的名字与它的品质同辉。一些中华老字号名店,诸如杭州楼外楼、奎元馆、羊汤饭店,绍兴的咸亨酒店等,一直延续着用天竺筷来招待食客的传统。天竺筷与丝绸、剪刀、折扇并称为"杭州四宝",成为老杭州的时代印记。

20世纪末,由于旅游业与餐饮业的飞速发展,大量的木筷子、其他竹筷子、一次性筷子风靡中国大地,挟裹着21世纪那简捷爽利的生活风,摧枯拉朽般冲击着相对安静内敛的传统技艺。复杂、高深、精美、讲究的传统与简单、明快、高速、高效的现代不可避免地狭路相逢。

天竺筷,这集实用性、艺术美于一身的工艺品,猝不及防地被推到了维谷之境;这双江、浙、沪人家必备的"吉祥"筷,何去何从?

十多年前,坐落于杭州市拱墅区内的天竺筷厂就陷入了这样的销售困境。天竺筷厂的厂长王连道,一个潜心研究传统制筷工艺的大匠,曾经面对连年亏损的局面而束手无策。毋庸置疑,假若天竺筷真到了消亡的那天，那么同时也是天竺筷制作技艺湮灭的时刻。传统工艺产品的制作技艺，是以口耳相传的方式来传承的，承载着的是中华的脉，民族的根，国粹的魂。抢救与保护这份中华民族文化中的宝贵遗产，已是刻不容缓；传承与发展这项传统技艺，更是历史使命。

王连道，1948 年生于杭州。自幼热衷绘画、书法及手工制作。青少年时代就拜西泠印社篆刻家余正、李早，书法篆刻家王京甫，书画篆刻家吴静初等人为师，刻苦钻研，因此在书画的篆刻艺术方面颇有造诣。王连道酷爱中国传统文化，对我国民间工艺丰富灵动的表现形式极感兴趣，因而深入研究。在几十年的箸文化研究中，在对天竺筷技艺的传承与改革的探索中，王连道深刻地体验到了无序低价竞争与缺少文化内涵给天竺筷造成的伤害。

天竺筷制作技艺第五代传承人王连道在工作现场

困局的改变缘于女儿王旭琼的加入。年轻的女子利用网络技术，结合现代人追求简约、时尚的心理，对父亲的作品进行了合理的包装，改变营销策略，拓宽消费者群体。同时，王连道在传承的基础上进行革新，深层次地将天竺筷的地域文化和佛缘文化提炼出来，加强了设计理念，使原本的土特产向工艺礼品、旅游纪念品及高档收藏品的方向发展。"功夫在诗外"，王连道青年时代的勤学、潜心，奠定了高标准的艺术素养，厚积而薄发，为天竺筷的制作工艺提供了品质的保证。

2009 年 9 月，王连道被评为浙江省非物质文化遗产项目代表性传承

天竺筷成品

人。目前,王连道已投入一百多万元资金重组杭州天竺筷厂,并广招徒弟传授技艺,天竺筷以崭新的面貌重新走入人们的视野,老手艺打开了新市场。

他几十年如一日,以精益求精的态度来对待这项伟大的工作——选竹、锯竹、脱脂、理坯、磨头、砂光、画稿、雕版、烙花、抛光、打孔、上头、包装、装盒等。二十几道工序,每一个步骤都不省心,其中脱脂、理坯、烙花尤为关键,非常考验制作者的技能。而对烙花技艺的要求最为严格:将提前雕刻好的印版烧热,把筷头放在上面均匀转动一圈,在热力炙烤的作用下,花纹就形成了。有一些更复杂的花纹,则要动用难度更高的工具电烙笔,这对手艺的要求更高,同时图案的细节也更加丰富。这一过程,需要炉火纯青的技术,手的控制和力道必须极其准确,轻一分烙不出完美的图案,重一分又会烧焦了筷身。这也是天竺筷制作工艺的核心。

在整个制作过程里,有太多只可意会不可言传的瞬间,对分寸与尺度

十二生肖

的掌握越是精确，则产品越是优良。这是对技师的感觉的考验，是长期浸淫于天竺筷制作工序中所摸索出的自成一格的体系，犹如"一千个读者就有一千个哈姆雷特"一般的妙不可言。这正是第五代天竺筷项目代表性传承人继承了前四代传承人的精髓，也是区别于其他筷子的独特性所在。

面对这项技艺，重要的是读懂——读懂中华民族流传千年的制作理念，读懂延续近两百年的天竺筷制作技艺的内涵，读懂天竺筷承载的中国人的情感。门道，是在行家的眼里心里揣摩过成千上万遍、实践过成百上千次后沉淀下来的一种认知与熟识、默契与和谐。经过技艺大师精工细作的筷子，授受的已不只是"物品"或是"礼品"，更是中华民族劳动者的才智和温度。这里面，深藏着对博大精深的传统制作技艺的一种仰视。

如果说，天竺筷之名的成因已昭示着浓浓的佛教文化，那么，将有着"人间天堂"美称的杭州西湖胜景与筷子结合在一起，在原本"吉祥如意"的祈愿上再添赏心悦目的观感，才是真正的推陈出新、两全其美，才是有

天竺筷——喜事筷来

竹编精装

梵音天竺细节图

梵音天竺

的放矢的挽救与保护。

可以看到,用成熟的制作技艺生产出的天竺筷,从色泽可分为红脚筷、白脚筷;从规格与销售对象可分粗筷、细筷;从烙花的图案可分为西湖风景、竹编精装、运河古韵、济公活佛、十二生肖等系列。带着各种主题的烙花系列筷子,连年在西湖博览会、杭州市旅游纪念商品会展中获奖。

天竺筷,正带着历史名城的印记,揣着老底子的念想,迎接着八方游客,将浓缩的文化精华,陈列于你的餐室、客厅甚至书房,拈花一笑。

它是那样古朴典雅:上端装饰头的材质与造型精致巧妙,火烙的图案连载着杭州古城街巷的故事,立体的刻缝里盛满了所有的时光。烙画上,西湖山水诉说着文化名城的山川锦绣;菩萨活佛传带着天竺山三寺的佛缘善意;龙凤呈祥寓示着人们对于国家安宁、万民有福的期盼;诗文花鸟中饱含着丰厚的历史底蕴;鱼虫花草里隐藏着一个写意的江南。

它是那样清新时尚:色泽自然养眼,造型秀美,手感清润。筷坯清洁而竿直,筷身光洁而油亮,筷头上的金属帽很好防止了细菌的入侵。它保留了原始竹青,自然成型,不着油漆。不用怀疑,它是环保的。它依然保留了在清野山林里自由生长了两年以上的真性情,天然率真的气息扑面而来。

《红楼梦》中的刘姥姥曾情不自禁地对王熙凤拿出的整套十只黄杨木雕酒杯细细赏玩,可见真正做得有文化内涵的物件,对人们的吸引力是巨大的,哪怕她是一个粗粝贫穷的农村老太。如今,虽然有许多的机械产品和电子产品在一定程度上改变着现代人选择的方向,但技艺精湛的、美到极致的传统作品,还是会重新赢得市场的。天竺筷在手,神清气爽,杭州的众多文化元素在眼前呈现,耳濡目染之中,久远的记忆淡淡地渗入举手投足之中,渐渐凝成了民族血脉中的一个分子。

天竺筷,是食客们品尝美食的工具,是游客们感受杭州的窗口,是本地人童年记忆的开始,是老匠人和传承者们内心的坚守。作为口耳相传的制筷技艺的载体,它是非物质文化遗产史上美丽的永恒。

(作者:徐雪清)

西泠印泥与印章、印谱、印屏的不解之缘

西湖历来是人类荟萃之所,孤山枕倚西湖,西泠印社就在孤山脚下,在灿烂星辰的西泠艺苑中,西泠印泥就是其中的一颗明星。

印章是中国篆刻,是人类非物质文化遗产,金石篆刻已被列入国家级非物质文化遗产名录,同时也是人类非遗项目在中国的代表,是西泠印社传统美术类的非物质文化遗产项目。而西泠印泥是中国印与金石篆刻主要有机物的载

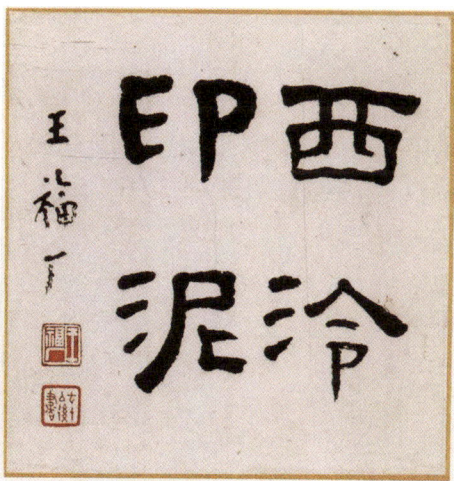

西泠印社创始人王福庵题写

体,它是西泠印社中的"传统技艺"非物质文化遗产项目。印章在我国具有悠久的历史,按汉制是指某官之章或印,以区分官职高低,后来广泛应用于日常生活。除日常使用外,印章又多用于书画题识,然而印迹的优劣,关键又在于印泥,故印泥的质量好坏是相当重要的。国外以签字为据,我国是以盖章为凭。印章在我国是法定权利的象征,是机关、团体、企事业单位在行使法定职权时的重要依据。

西泠印社是我国研究金石篆刻艺术历史最悠久的艺术团体,创建于清光绪三十年(1904),以保存金石研究印学为宗旨,印社汇集各印泥的优秀分子,从专业篆刻家到书画家、鉴赏考古学家、文学家、教育家,纳入文学艺术之中,使印学的传统与诗书画印融为一体。印社收藏和保存了珍

贵的历史文物、书画真迹,特别是历代名家印章、印谱,并出版了大量的书画篆刻书籍,为研究印学提供了宝贵的资料。

西泠印泥创始于清光绪二十九年(1903),由西泠印社创始人王福庵、叶为铭、丁辅之三大长老共同研制而成。主要用于篆刻、书画印章等,迄今已有近120年的历史。民国时期到中华人民共和国成立后,西泠印泥经西泠印社总干事韩登安先生以及韩君佐夫妇等人的研制有了改进,出品了朱砂丹顶印泥、砾礵印泥。曹勤等在20世纪70年代末进入西泠印社跟随茅大容先生学习篆刻书法。在一刀一刻地学习篆刻后,茅大容先生传授了印泥制作技艺,并对其进行耐心指导,篆刻大师韩登安先生的胞弟韩君佐及夫人也常来指导。西泠印泥在继承先辈中发展,又研制出了古法宣和、宫廷等印泥,运用了传统技法手段,具有凹凸立体感强、色泽古雅、质地细腻、日久不变、丰富沉着的特色。近40年来,西泠印泥在传承的基础上做了改良,印泥品种已多至30余种,比如最有

西泠印泥选材

印泥制作原料

西泠印泥朱砂的研磨

名的古法纯手工朱砂、朱磦印泥，古法宫廷、宣和等印泥，其古法纯手工宫廷印泥的技艺是在传统西泠印泥的基础上，研究古代宫廷制泥法，融入黄金入泥的古法特殊技艺，这种技艺创造出了国内外独一无二最顶尖的印泥，对篆刻、书画、名家钤印、收藏、鉴定、古法传承的历史佐证起到了至关重要的作用。西泠印泥主要用于金石篆刻、书画创作印拓印谱等，因而也是世界非遗西泠印社"金石篆刻"的有机组成部分。

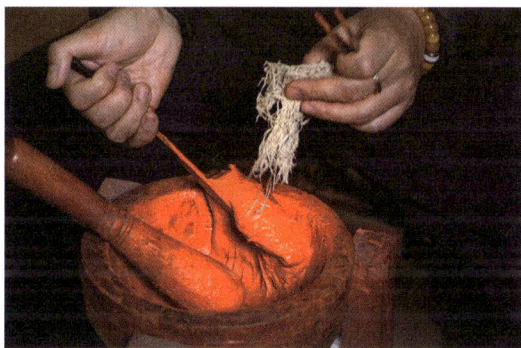

西泠印泥手工制作

西泠印泥手工制作

物以稀为贵，泥以西泠为上品，印泥看似平常却有着上千道工序。西泠印泥有着"一两黄金一两泥"的说法，因为它的制作是纯手工的，所以它的价格就像黄金一样昂贵。

西泠印泥制法独特，品质超群，主要由蓖麻油、艾叶和朱砂三种原材料配合制作而成，天然植物蓖麻油经过5—20年的天然氧化和提炼，上好的艾叶提炼成艾绒，朱砂经过传统的水漂法提炼成砵磦、朱砂，经过晒油、选砂、飞砵、研砵、制艾法、印色法等上万次的手工调和而成，以色泽醇厚沉

西泠印泥手工制作

西泠印泥彩色印泥

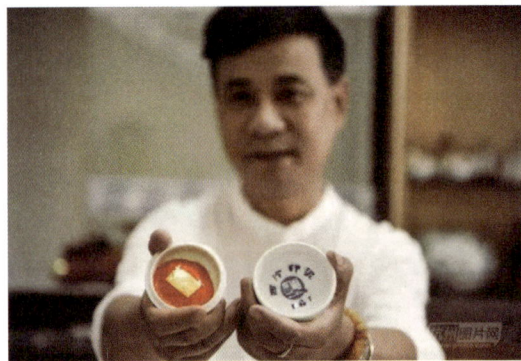

西泠印泥的展示

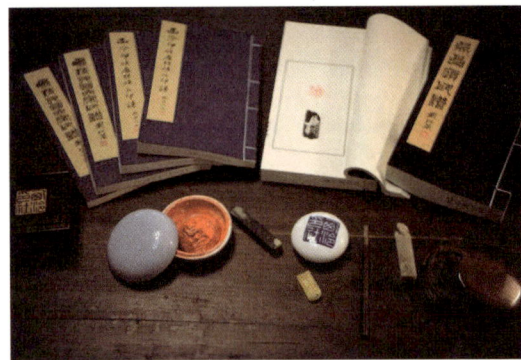

西泠印泥和西泠印社原拓印谱

着、颗粒细腻、调匀且不渗油者为上品。

西泠印泥是金石篆刻艺术的载体，与西泠印社的篆刻创作、手拓印谱一起被奉为"印林至宝"。手工所制印泥色泽古雅，质地细腻，夏不渗油，冬不凝固，浸水不褪，钤出的印文清晰传神，在国内外久负盛名，受到各界艺林名士的认可，成为书画印泥的典型代表。西泠印泥制作技艺2009年被列入浙江省非物质文化遗产代表性项目名录。

好的印泥用的是野生艾叶，晾晒后极其坚韧，看似漫不经心的敲打是几代技师的手艺积累。何时轻柔何时刚劲，关系着印泥的好坏。用顶级的蓖麻伏油，需要十年以上的暴晒。印泥中的珍品，夏不渗油，冬不凝固，即使再小的印文钤在纸上也是清晰传神。水飞是《天工开物》中就曾讲到过的一种炮制方法，利用粗细粉末在水中悬浮性不同的原理，将不溶于水的材料与水共研，经反复研磨制备成极细腻粉末。比黄金还贵的朱砂怎样才能变成印泥？这需要精益求精的制造，殊不知西泠印泥的存在更久于西泠印社，看似小小一盒却是经过上千道工序才能制成。

印谱制作的拓印脱胎于碑拓技术，起源自印谱的诞生。印谱始于宋代，众无异言。自宋、元至明初，史载先后有十五部印谱问世，而最具影响者是现藏于西泠印社的《顾氏集古印谱》。最初的印谱只有原印的朱泥钤盖，而随着时代的发展和篆刻艺术的进步，印章的边款拓制成为印谱不可或缺的重要组成部分，拓印就是运用与拓碑基本类似的方法，把印章上的文字或图案用纸拓制出来。拓印技术制成的印谱是中国印章艺术赖以传承的重要载体和方式，是印章所处时代的人文、历史以及社会形态真实的记录。印谱是汇录古今印章制作、搜集印章图式和考订印文等的著作，也称

西泠印泥七彩印泥

曹勤大师在手工研磨朱砂

"印存""印集""印式""印举""印汇""印稿"等，史载最早的印谱系宋代杨克一汇集的《集古印格》。印谱成书的版本有原印钤盖、木刻翻摹、摹刻、制版印刷四种。

明清以后的印谱，有后人汇集而成，有篆刻家亲自手订，还有经由后人摹刻等。传世印谱各种各样，其中最为珍贵的是原印钤盖的印谱，最能真实保存原作的风神。考究的印谱，钤拓印面用名贵的印泥钤盖，印章边款有乌金拓、蝉翼拓，用古法连史纸或上等宣纸承印，纯手工缝订，用精美的木函、蝴蝶装等。

西泠印社社藏历代印谱500余部，是全世界藏印谱之最。拓印和手拓印谱的制作，历来是西泠印社的优势和长项，被誉为印林至宝之一。1978

年,西泠印社专门成立了拓印组,相继原印精工拓制出版有西泠印社原手拓本印谱《李叔同常用印集》《张宗祥印选》《西泠印社藏徐三庚印选》《西泠印社吴昌硕印谱》《西泠八家印谱》《西泠印社历任社长印谱》《杨守敬印谱》《晚清民国印谱》《王福庵印谱》《沙孟海印谱》《李岚清印谱》《兰亭序集诗印谱》,承继了乌金拓的衣钵,选用西泠印泥和西泠印社监制的连史纸钤印制作原拓印谱,广受欢迎,影响深远。

中国的印泥种类很多,从等级上划分,上可至御用,下可至百姓;从性能上区别,有防伪,耐腐蚀,甚至于耐火烧。但这些印泥归纳起来都属于办公用品,而非文人书画所用,更非金石艺术所用,难以满足钤拓印谱的特殊要求。

西泠印泥之所以独特,是因为在西泠印社"保存金石,研究印学"的一百年里,先辈们在拓制大量印谱的过程中,已经将印泥的制作,从普通的印章蜕色,提炼成为"传达印章艺术的媒介物"。从此,西泠印社制作的印泥不仅色彩、光泽与众不同,还要兼备渗透、干燥和防腐、防蛀、保质等各项内在指标的不同要求。

在用途上,西泠印泥不仅满足了钤拓印谱特殊要求,还是当代众多书画大师首选的书画印泥。而能够赋予西泠印泥这些特殊功能的具体措施,就是精益求精的选料和独特的制作工艺。

因此,西泠印泥不仅在钤拓印谱中具有很高的艺术价值,它精良的制作工艺与传统的制作过程,本身就是一笔非常珍贵的非物质文化遗产。或者说,是钤拓印谱的特殊要求,成就了西泠印泥的一百年久负盛名,创造了一笔宝贵的文化遗产。

印屏是篆刻作品展览的最终效果,展示了印蜕视觉的表现力,体现了题签的书法功力。

印屏的纸质、色调要体现对比意识,印屏的规格不大,材料选用要极为考究,材料感要强,可以着重选用粗纤维的宣纸,或用绢、绫、蜡笺、粉笺、麻纸等相对特殊的纸质,与印泥和连史纸形成质感的对比;印屏与题签在色调上也要形成对比,如本白与粗纤维旧色、泥金与白绢。印屏的主体色调除了常用的白色之外,有色纸一般不选用太冷、太暗的颜色,否则印蜕会被淹没。

印蜕剪边时需匀称随形,手法精细,边缘留白不宜过大,如在1毫米左右最佳;边款与所在的印面应上下对齐,其间距小于印面与印面之间的距离,以示边款归属;朱、白文宜散点式安排,大、小错落,变化有序;印风之间要和而不同。贴印蜕时用面粉糨糊或固体胶,不能用化学类的胶水,粘时不必将整个印蜕涂满,主要涂四角及中心即可。糨糊不宜太厚、太湿,要注意整个过程整洁、整齐。

印屏的格式与形式感可以从书、画、装裱款式、书籍装帧等方面广泛参考吸收,不必拘泥太通俗的成法,出新出奇但也不必怪诞。从主次关系上要注重篆刻作品以印蜕为本位立场,不能主次不分;格调要有文化气息,营造雅的氛围,也可以把现代感用于印屏,但是切忌把印屏工艺化。机械线与印刷的手法不会那么突兀,也会容易与印蜕、题签匹配。如果一定要用徒手的方式,要尽可能把界格、图案淡化,手法尽可能精致,切忌把印屏工艺化。

"竹阁红冰、凉堂绛雪"就是对精益求精的西泠印泥最好的比喻。从印社的柏堂拾阶而上,当年的大师在此谈篆刻、论印泥与印谱印屏。时光流转,这份印林至宝,不仅承载着光阴的艺术,也寄予着后人踵事增华的厚望,我们最大的愿望是西泠印泥的传承技艺薪火相传,一字,一印,一世界,西泠像一方玉琢的印,隽永地刻在中华儿女血脉之上,鲜红如花,而这份泥香散发出的清雅之味,向江南过客诉说着由它雕刻过的时光。

(作者:曹勤)

合村绣花鞋

中华民族两千多年来形成的男耕女织的社会分工,使中国女性代代传承女红,古老的绣花鞋是她们发挥才智的天地,在不盈方尺的鞋材上,她们一针一线地诉说着属于她们的审美观念、文化传统、伦理道德与时尚价值。

绣花鞋的发展分为三个历史阶段:第一阶段是自春秋时期至唐代后期,那是中华民族女性的天足时期。第二阶段约为北宋后期至20世纪初年,那是中国汉族妇女有缠足习俗的特殊历史单元。"三寸金莲"在绣花鞋历史上占据着独特而又尴尬的位置,是人类鞋履文化中令人深切反思的奇葩。第三阶段为20世纪初至当代,妇女解放,绣花鞋进入历史新阶段。

2000多年绣鞋史,绣花鞋刺绣有着严格的等级和一定的民俗规范。出生、寿诞、婚嫁、丧葬、守孝、祭祀,不同礼仪、不同时期、不同身份、不同年龄、不同场合,一双不同规格的绣花鞋,规范着不同族群和等级的人们。

绣花鞋刺绣手法沿袭东方审美,注重鞋面章法,鞋帮铺陈,工艺饰条。繁缛华丽,美不胜收。绣纹主题无不来源于生活,花鸟草虫、飞禽走兽、爪蒂花果、山川风物、戏剧人物,莲生贵子、榴开百子、双蝶恋花、龙飞凤舞,寓意着生命的赞歌和美满的人生,构成一道足上的风景线。

中华民族大家庭中,绣花鞋为全民族共同文化财富,它曾被世人誉称"中国鞋",真是恰如其分,真是太名副其实了!

桐庐合村绣花鞋制作技艺是以彰显新娘手艺并以未婚姑娘为传承群体,是以合村乡为中心,流传辐射至桐庐全县,乃至临安、建德、富阳等地的一种传统民间手工技艺。其鞋文化与刺绣艺术完美结合,且深深地根植于民俗文化,成为我国江南民间绣花鞋制作技艺中的代表之一。

在桐庐合村乡有着一个美丽的传说:话说南宋初年,合村有位姑娘,姓何名夏贞,与同村一个名叫顾报国的小伙子相爱。姑娘心灵手巧,日夜绣衣做鞋,盼上花轿,不料嫁衣完备之时,恰是郎君上阵抗金之日。不久未婚夫血洒疆场,何姑娘从此孤守终身。一手好针线活,只为他人做嫁衣裳。每次帮人制鞋,都绣上"满家福"三字,以托终生未了之情。天长日久,人皆效之,乡中女儿,但凡出嫁前,都有了为未来公婆和家人做布鞋、送布鞋的习俗。此风源远流长,相传至今。

合村绣花鞋

传统合村绣花鞋制作工艺有五大部分,将近90道繁复的工序,主要有设计、制底、制帮、刺绣、缉鞋、定型等。要求制作者具备极大的耐心,一定的绘画和剪纸功底,同时能掌握刺绣技艺,并且有一定的文化修养。合村绣花鞋工艺手法,包含了女红般般"武艺",堪称女红中的经典艺术。

设计:包括整体造型、绣花纹样、鞋面与鞋底及绣线的色彩选配等。

制帮:包括打袼褙、刻帮、粘鞋面、描花、缉口、滚边、定位、合帮等。

制底:要经过打袼褙、刻底、包边、合底页、添底布、包底、捻麻线、圈边、纳底等。加工麻线绳基本有两种方法:手工搓捻法和拨棰打捻法,然后是糊鞋底、封底面、纳鞋底、修底边等工序。

刺绣:一双最普通的绣鞋都要经过十七八道工序,需一个熟手制作七至十天,包括各种绣刺法。小小绣花鞋常常寓意着绣制者美好的愿望和心灵寄托,如婚嫁鞋绣百合花、鸳鸯、并蒂莲等,寓意夫妻百年好合,双双对对,不分不离;喜寿鞋绣寿桃蝙蝠,寓意福寿安康;儿女为老人做寿终鞋时,通常在鞋底中央绣莲花,以示脚踩莲花能升天等。

绱鞋:基本有三种,分别为卧帮正绱法、反帮勾绱法、舒帮明绱法。

垫绣:绣法大致有三种,第一种是剪纸贴花绣法,是将要绣的图案先剪成一幅剪纸,而后贴于鞋垫上,然后再用平针绣线覆盖完成。第二种是平针绣法,是将选好的图案草稿勾画于鞋垫上,然后用平针直接绣制。第三种

在义乌文博会上展示的合村绣花鞋

绣法是挑花绣,这种绣法是事先在鞋底画上或利用画布经纬线抽成经纬方格,然后依格下针,不能错位,此法多用十字针法或斜行排列法相组合,组成简练、夸张、变形的几何图案,多为传统纹样或由古老图形演化而来的较为抽象的符号。

定型:是绣花鞋的最后一道工序,主要分为湿鞋面、紧鞋栓、整边口、烫底边、烘鞋样等流程。

合村人的传统绣花鞋,又有什么特色呢?一是全手工,从剪鞋样、糊鞋底、纳鞋底到上鞋帮,每道工序都由手工制作完成;二是全棉,鞋底用白棉布制成,衬以特殊加工的竹笋叶,吸潮透气;三是纳线用苎麻绳,鞋面用西湖绸缎;四是品种齐全,包括婴儿的满月鞋,小姑娘的宝宝鞋,成亲穿的喜婚鞋,寿翁穿的福字鞋。老少要的,一应俱全。

2009年,合村乡成立绣花鞋开发保护中心。同年5月,承办了浙江省手工绣花鞋创意邀请赛,合村"绣女"惊艳亮相,绣花鞋"江湖高手"赞不绝口。6月,合村绣花鞋在央视《中国记忆》非遗日运河广场直播"活动中惊艳。2010年,合村乡又举办了浙江省"民间手工艺——虎头鞋"创意设计制作邀请赛。而后,在中国织绣精品大展亮相的上千件展品中,合村乡的民间刺绣展品,吸引了众多市民的眼球。这养在深闺人未识的"山村少女",就这样走上了历史舞台。

绣花鞋本是女人们的手上功夫,偏偏有个男人来重挑了那个头。20世纪80年代,城里人突然发现了合村的山光水色,旅游的人络绎不绝,乡土风物便自然被人时时提及。合村在绣花鞋传承人毛文永、方仁忠等老

师傅的牵头下,办起了手工绣花布鞋厂,一大批男女青年学起了做鞋子的技艺,成了手工鞋厂的工人。那些围着锅台和孩子转悠的乡村妇女,重新学着她们的奶奶和母亲,绣上了鞋样。

合村绣花鞋能工巧匠

麻根英,女,1965 年生,桐庐县合村人。她做过裁缝,当过幼儿园老师,因为一项从小耳濡目染、母亲和姐妹都擅长的技能——做绣花鞋,从农村妇女中脱颖而出,现为省级非物质文化遗产传承人。麻根英高中毕业后学了裁缝手艺谋生。2007 年 6 月,她和村里的绣花高手徐志兰一起,被县里派到省城杭州参加展示活动。她带去的作品是"虎头鞋"和"三寸金莲",用红色绒面和淡色开司米绣成,浓浓的质朴乡野风,一下子引起很大的关注。这件事对她触动很大,她从此苦心钻研绣花技艺。乡里也很重视,想把绣花鞋这门手艺发扬、传承起来,便从省城请来杭绣大师陈水琴、余知音等老师,每年固定时间来指导。有良师指点,麻根英和她的伙伴们技艺提高得很快。2010 年,在"浙江省手工艺——虎头鞋创意"邀请赛上,她与同村另一位手艺人陈爱华合绣的"五子登科"小虎头鞋得了金奖。2010年 6 月 18 日,麻根英参加了上海世博会,当来自浙江、上海的嘉宾出现在浙江非遗展台前,麻根英十分自豪地向嘉宾介绍合村绣花鞋的情况。

麻根英制作的幼儿虎头鞋

陈爱华,男,1947 年 6 月生,桐庐县合村人,从小他就喜欢画画、唱戏、手工制作等文艺活动。在祖父母和母亲的影响下,自己慢慢开始学习绣花鞋的制作。在母亲的言传身教下,陈爱华基本掌握了刺绣的技艺,学会了制作手工布鞋。凭借对绣花鞋的热爱,2008 年他主动申请加入合村乡绣花鞋研发中心。在研发中心,他有幸多次接受陈水琴、余知音等刺绣大师的指导。在自己的努力下,他的作品多次获得省、市重要奖项。在任职期间,他还经常免费组织开办绣花鞋制作技艺培训班。陈爱华现为省级非物质文化代表性传承人。

毛文永,男,1944 年 6 月生,桐庐县合村人。合村绣花鞋发起人之一,合村手工制作布鞋技艺代表。从 14 岁开始,毛文永就向制鞋师傅拜师学艺,期间还在服装加工的合作社中学过裁缝手艺。20 世纪 60 年代初,他在自家屋里办起了家庭作坊式的鞋匠店。2000 年初,由于鞋子畅销,他正式创办了毛文永布鞋厂。在 2005 年前后,他作为当地的老鞋匠,积极参与合村绣花鞋的各项活动。毛文永现为市级非物质文化遗产代表性传承人。

合村绣花鞋市级传承人毛文永

余满香,女,1957 年 9 月生,桐庐县合村人,合村绣女典型代表之一,她做鞋子的手艺是从父辈那里学的。20 世纪 60—70 年代,她最早学习制作的鞋子主要是务农时穿的草鞋。随着生活水平的提高,布鞋慢慢开始走进大众生活,她又开始学做布鞋。时过境迁,绣花鞋成为时代的宠儿。目前,她凭借自己多年的制鞋经验,自办了一家绣花鞋店铺,主要经营各类绣花鞋、布鞋。

方仁忠,男,1941 年 2 月生,桐庐县合村人,合村手工制作布鞋技艺代表,合村绣花鞋发起人之一。在青年时期,他开始接触手工布鞋的制作,当时的初衷只是为了学一门手艺,好混口饭吃。20世纪末,随着社会经济快速发展,老布鞋和绣花鞋在鞋类市场的份额有了明显变化,于是他自筹资金开办了满家堂布鞋厂,为了推广合村绣花鞋,他多次参与绣花鞋的相关展会。

（天仁供稿）

千年笛箫　"活"在当下

——记余杭区中泰竹笛制作技艺

日前，一场中国竹笛艺术夏令营音乐会在杭州余杭中泰街道双联村文化礼堂隆重举行，来自山西艺术职业学院的老师、中国最具魅力青年笛子演奏家蒋宁女士演奏的一阕笛韵悠悠的《望乡》，在 MTV 背景画面衬托下，犹如吹尽万种风情，演绎着情到深处、孤独而缠绵的思乡情结……

正可谓竹本无心，但有节。由竹子制成的笛箫，最是缠绵，飘逸入耳，声声动人。

中泰——"中国竹笛的故乡"

"谁家玉笛暗飞声，散入春风满洛城。"

说起这由竹子制成的笛箫，历史源远流长，其渊源可以追溯到两千多年前的春秋吴越文化。千百年来苏州笛箫一直独领风骚，上海笛箫就是苏州笛箫的衍生和发展。

而中泰笛箫正是苏州、上海笛箫的衍生和发展，也是中泰笛箫的一次历史性的"回家"。千百年来，中国笛箫就是从杭州余杭中泰迈出的第一步。

据《余杭志》记载，从魏晋时期起，余杭西南的泰山就盛产苦竹，收割的苦竹通过京杭大运河运输到全国各地。用苦竹制成笛，在北方叫梆笛，在南方江苏昆山一带叫曲笛，也叫昆笛。

在中国历史博物馆收藏着两份有关史料：康熙五十二年（1713），咸丰十年（1860），朝廷两次下圣旨给苏州织造局，命"周溪兰"乐器店制笛师钱金达、张雨、李喜等人，先后赴余杭山区采竹进宫制作笛箫。民国年间，余杭山区的竹商马顺根、胡友利、徐天福等人，每年都要将制笛竹料装载到木船,运送到苏州、上海等地的乐器作坊中去。因此,中泰可以说是"中国竹笛的故乡"。

中泰笛箫离不开的两个人

中泰笛箫"活"在当下,不得不说一个人——上海的周林生。周林生出生于 1949 年,是笛箫制作师、演奏家,被誉为"中泰笛箫之父"。

周林生在上海民族乐器一厂工作期间,从前辈们谈论中知道笛箫制作的原材料来自杭州余杭。20 世纪 80 年代初,董仲彬任泰山乡铜岭桥村村长,同时担任村竹器工艺厂厂长,该厂除出售竹制工艺品外,还出售制作竹笛的原材料苦竹。

周林生在演出《笛乡情》

1984 年冬天,周林生和俞逊发、胡锡敏结伴,从上海一起来到杭州余杭中泰(原泰山乡)铜岭桥村寻竹制笛,结识了铜岭桥村村长董仲彬。周林生先生因势利导,董仲彬也正有此意,想办个家庭作坊。1989 年,中泰铜岭桥诞生了第一家专业从事笛箫制作的个体经营户——杭州余杭中泰灵声乐器厂,在技术上通过周林生的传帮带,董仲彬和其儿子董雪华负责笛箫制作经营,生意日趋兴旺。

1993 年,董仲彬卸任村长后,回到自家厂里同儿子一起打理乐器厂,成为乐器厂的主心骨,亲自把关调音、画线等重要工序。灵声乐器厂也逐渐成为中泰竹笛的"摇篮",厂里不少老员工下海开办了自己的竹笛厂。

1998年,灵声乐器在北京开办分厂,由儿子董雪华主管,而董仲彬一直在厂里担当定音、调试、分类及工艺监督等核心部位负责人。由于灵声乐器厂制作的"灵声"牌中高档笛箫等民族乐器,深获海内外知名演奏

打磨

定调

定调

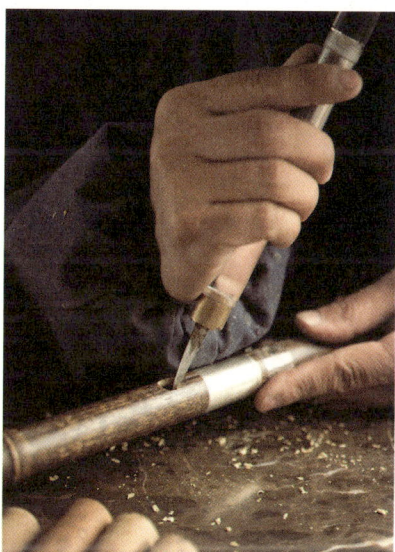

打孔

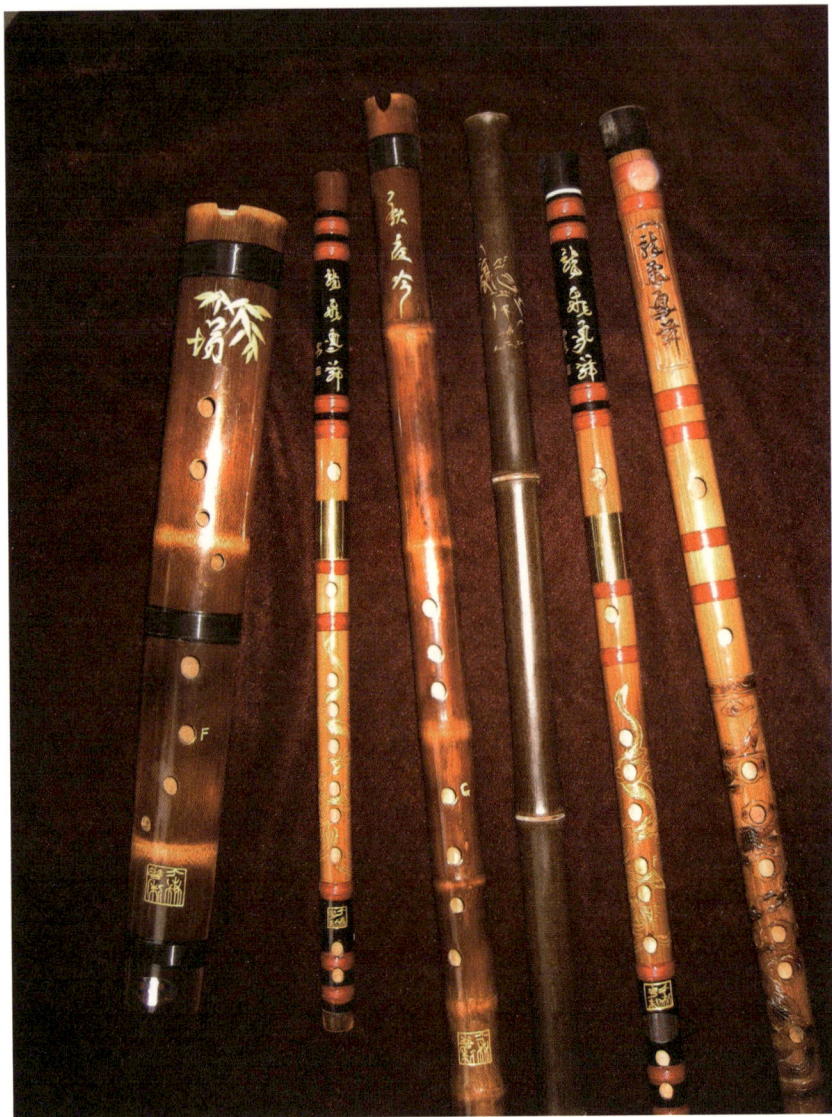

中泰竹笛

家喜爱,十年后的 2008 年,董仲彬获得中国民族管弦乐学会、中国竹笛专业委员会颁发的笛箫制作"终生成就奖"。

因此,这里要说的第二个人就是董仲彬,中泰灵声乐器厂笛箫制作师,浙江省笛箫制作非遗传承人,土生土长的余杭中泰街道紫荆村铜岭桥人。

笛箫制作的火苗被点燃

1989年,董仲彬的儿子董雪华开办了自家的竹笛厂——灵声乐器厂。那一年,董雪华年仅19岁。别看他是一个十足的小青年,可从16岁起,董雪华便在周林生身边学习竹笛吹奏,父子俩都算得上是周林生的弟子。

知道董家要开竹笛厂,周林生更是大力支持,将自己所学的笛箫制作技艺倾囊相授。灵声乐器厂成了中泰第一家民营竹笛厂。

"那时候的劳动力多,相较于起早贪黑地在田里干活,竹笛制作要轻松许多。"董仲彬说,因为工作环境舒适,工资也不错,工人请起来并不困难。

董仲彬也提到:"别看这小小一支竹笛,工序复杂得很,特别是调音等工序,对竹笛的音质影响很大。"

随着笛箫产业的逐渐发展,越来越多的人尝到了甜头,出来单干的人也越来越多。董仲彬说:"原本在我们厂里干活的不少工人都开办了自己的竹笛厂,效益都很不错。"

中泰竹笛省级非遗传承人董仲彬在制作竹笛

直至今日,董仲彬依然坚持笛箫制作,坐在工作台边,他手上的速度不减。

改革开放让竹笛制作工艺走进中泰,也让中泰的年轻人走出大山。灵声乐器厂也就逐渐成为中泰竹笛的"摇篮",厂里不少老员工下海开办了自己的竹笛厂。笛箫制作就像火苗,逐渐在中泰这块土地上燎原。

笛箫制作经营户像雨后春笋,如今,中泰有笛箫乐器厂160多家。中泰也从偏远的小乡镇摇身一变,成了竹笛爱好者们最向往的地方——"中国竹笛之乡"。

据了解,现在像董仲彬一样的笛箫制作师越来越多。

黄卫东,余杭区非遗传承人,在周林生、陈建萍、俞逊发等制笛工艺师和笛子演奏家的悉心指导下,在选料、工艺制作和笛子音色等方面全面地掌握了必要的笛子制作技能,一直以来,主要从事的就是竹笛制作、销售,每年产量可观。

黄卫东和许多笛子演奏家都成了朋友,国内外的笛子爱好者、著名演奏家,不论远近,纷至沓来,旅居海外的笛子演奏家詹永明曾两次来到黄卫东家,著名笛子演奏大师俞逊发对黄卫东笛子给予了音色甜润、内涵张力充实的评价,黄卫东以他的精湛技艺获得了俞逊发的首肯,和他联袂制作精品笛,令笛子演奏者爱不释手。

打造"中国竹笛之乡"金名片

余杭中泰有几万亩苦竹,当地政府积极引导竹产业。从2002年开始,中泰就着重围绕苦竹、竹笛这些独特的资源做文章,中泰街道实施"品牌树笛"战略,政府出面洽谈回购"中泰""铜铃桥"商标。为了培养接班人,传承和弘扬中泰竹笛文化,中泰小学特设竹笛演奏课程,董仲彬作为中泰竹笛制作技艺的非遗传承人,承担起了传承下一代的重任。

年轻人创新创业成为中泰笛箫活在当下的主力军。1998年,董雪华前往北京,结交了不少笛箫演奏家,他们对品质上乘的笛箫需求旺盛,而灵声乐器厂生产的竹笛精品正合他们心意。像董雪华这样积极拓展市场的中泰人在不少数,通过他们的不懈经营,中泰竹笛的名声越来越响。敦煌牌竹笛曾荣获"99中国国际竹文化节博览会金奖"。

中泰竹笛产品质量迅速提高,市场迅速打开,竹笛产品不仅满足国内市场需求,还快速走向国际市场,大量出口到东南亚、日本、美国等国家和地区,成为国内外笛箫演奏行业使用最多、最广的产品,笛箫制作已成为中泰的文化产业。

中泰民间制笛吹笛活动世代相传,特别是近20多年来,在制笛工艺师周林生的引导下,通过各种学习、教育、培训等文化活动,竹笛制作、演奏事业得到较快发展。近年来,陆春龄、张维良、周林生、陈建萍、俞逊发、蒋国基等我国一流演奏家、制笛工艺师多次到中泰指导。我国著名笛子演奏家俞逊发先生专门为中泰竹笛进行技术鉴定,给予高度评价,称中泰竹笛"神韵暗流,玉笛飞声"。

中泰笛箫薪火相传

中泰笛箫制作和演奏的普及和发展中取得了良好成效,涌现出了董雪华、黄卫东等一批制作大师,还培养涌现了一批笛箫演奏人才。

"笛二代"创新开拓点子多。2018 年 9 月 13 日,一场"水上竹笛音乐会"在中泰铜岭桥上皇庙水库举行。"笛二代"黄毓 7 岁开始学笛,是此次交流活动中迷你水上音乐秀的主要策划人,同时她还参与演奏了《大鱼》《寒江残雪》等节目。

黄毓说:"我们去年就想做这个活动,主要是想把竹笛文化推陈出新!"

"要想制作一把精良的竹笛,懂得吹奏非常必要。"作为制笛工匠,黄卫东在活动中的笛乡小课堂环节向现场嘉宾介绍了竹笛的相关知识。黄卫东表示,老一辈的中泰竹笛人都有制作笛子的手艺,但往往不善吹奏。而现在的青年竹笛人才接受教育程度高,演奏水准也高。

"我们负责搭台,把竹笛技艺传承下去。至于如何把竹笛产业这出戏唱好,就需要我们的儿女——'笛二代'去创新开拓。"

可以说,中泰笛箫基本实现了活态传承、活态再现,重现了文化遗产的魅力。

（作者：胡炳华）

斋外十数竹　版传三百年

唐咸通九年 (868)，一份雕版印刷的《金刚经》诞生了。千年后，这份曾深藏于敦煌的经文被斯坦因带到英国，如今藏在伦敦大英博物馆。千年来，这份黑白的《金刚经》静静地看着世间冷暖。山河永恒，朝代变换，雕版印刷也随着唐宋元明更替到了一个鼎盛时期，从单色到双色，从双色到彩色。在明代，文人画得到了最多的青睐，应运出现了木版水印这种精妙绝伦的印刷技法。有人甚至感慨现在的技术，都无法超越明朝顶峰时期印刷出来的作品。这个顶峰的筑造者，名字是胡正言。

刻板

　　胡正言是个官员,曾经官至武英殿中书舍人,身穿明代官服的他面容清癯,相对于他的官员的身份,现在人们记住的他却是一个文人。他气质俊雅,"清姿博学,尤擅众巧,且研综六书,摹躅钟鼎石鼓,旁及诸家。于是篆隶真行,一时独步,而兼好绘事"。都说小隐于山,大隐于市,离开官场的胡正言在南京的宅子前植翠竹十余竿,"尝种筠十余杆于檐间,昕夕博古,对此自娱",家中富藏"博古异书,名花奇石",因此取名十竹斋。就在十竹斋中,他与当时诗人画家唱和往来。终日风雅的胡正言不满于当时的印刷技艺,便带着他的工匠们在十竹斋内精研雕刻印刷,饾版、拱花……无意中,他发明的这些新技术,达到印刷美学高峰,小小的十竹斋成了世界上最早的印刷出版集团。

印刷

　　1627年,《十竹斋书画谱》横空出世。这本画谱共含书画谱、墨华谱、果谱、翎毛谱、兰谱、竹谱、梅谱、石谱8类,每类有图40幅,每幅图均配有手书题词和诗作。谱中图文有的为胡正言自作自书,有的为当时名家高

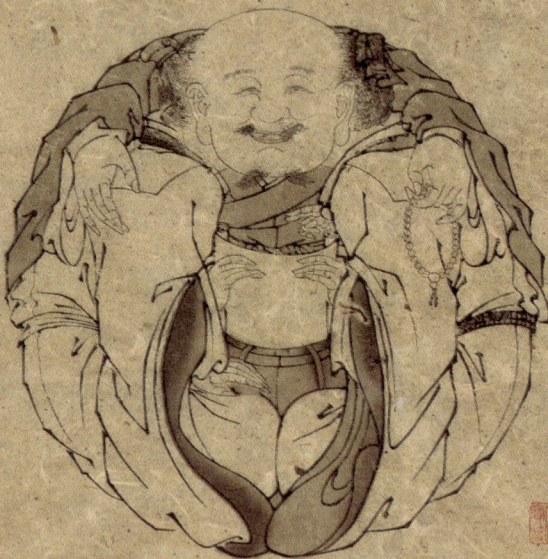

水印版画《一团和气图》（魏立中作品）

友、吴彬、魏克、文震亨、吴士冠、朱万钟等人的题绘,有的则临摹赵孟頫、唐寅、陈道复、沈周等元明书画家的作品。《十竹斋书画谱》共收绘画180幅、书法140件,洋洋洒洒,翠瓣丹衬,花分蕊析。花之情,竹之姿,良禽欲飞,蠕虫若动,奇石烟云,氤氲变幻,真可谓"淡淡浓浓,篇篇神采;疏疏密密,幅幅乱真"。《十竹斋书画谱》问世17年后,崇祯皇帝也已经继位17年了,然而就在这一年,他吊死在皇宫外的煤山上,大明亡了。然而,此时的南京还停留在歌舞升平的余音中,雅致绝伦的《十竹斋笺谱》伴随着清军入关的马蹄声诞生了。《十竹斋笺谱》共收信笺图集和角花图289幅,分四卷,卷一为清供、华石、博古、画诗、奇石、隐逸、写生;卷二为龙种、胜览、人林、无花、凤子、折赠、墨友、雅玩、如兰;卷三为孺慕、棣华、应求、闺则、敏学、极修、尚志、伟度、高标;卷四为建义、寿征、灵瑞、香雪、韵叟、宝素、文佩、杂稿。四卷内容涉及商鼎周彝、古陶汉玉、山水人物、花卉虫草……画幅虽小,刻印却严谨精致,笔法简洁生动,画面匀称工整。比起17年前的《十竹斋书画谱》,胡正言把"饾版"彩色套印和"拱花"技术结合起来,运用在《十竹斋笺谱》的印制上,对当时的单版涂色印刷是划时代的革命性突破, 300年来也无翻版。

胡正言多方面精妙的艺术造诣,使《十竹斋书画谱》和《十竹斋笺谱》达到了史无前例的水平。这两套书熔雕印技艺一炉,显示了明末彩色套印的艺术成就,成了中国版画史和印刷史的丰碑。此后,所有关于明代版画或印刷出版的研究,十竹斋的版画都成了绕不过去的地方,甚至需要特辟专章专节。王伯敏说:"十竹斋的水印木刻,是明代版画的辉煌成就,它使中国的版画迈出了新的一步,对中国的雕版印刷,也提高到前所未有的程度,贡献极大。"

然后,这份荣耀便如星空中的一抹流星,迅速消失,近300年来,罕见踪迹。饾版、拱花……这些曾经的技艺都成了古籍中的一缕墨痕,直到20世纪30年代,鲁迅和郑振铎发现了《十竹斋笺谱》。出于对传统技艺的认同,他们共同出资,发起了重刻辑印《十竹斋笺谱》的行动,邀请刻工师傅用饾版、拱花等技术原件仿制木版水印。鲁迅在致郑振铎的信中说:"十竹斋笺样花卉最好,这种画法,今之名人就无此手腕,山水刻得也好。"又说:"清朝已少有此种套版佳书,将来怕也未必再有此刻工和印手。无论如何,总可以复活一部旧书也。"《十竹斋笺谱》重刻由郑振铎主持,直到1940年才完成,总共印制200部。大概在20世纪50年代,中央美术学院华东分院(现中国美术学院)版画系去北京荣宝斋、上海朵云轩学习,回到杭州成立了国内专业院校中最早的水印木刻工作室,后成立水印工厂。

坊间有一个传说:有人将潘天寿的《雁荡山花》真迹与木版水印印刷的《雁荡山花》摆在一起,让潘天寿本人辨认真伪。不料,潘天寿却把那张复制的作品当成了真迹。这种神奇的复制方法就是木版水印。到了20世纪70年代末,水印工厂更名为西湖艺苑,之后艺苑名存实亡,木版水印技艺在杭州渐渐面临失传。

如今的杭州十竹斋里挂满了名家画,有近代的,有当代的,如潘天寿的《雁荡山花》、吴昌硕的《牡丹》等,皆是名家手笔。杭州十竹斋的主人、木版水印技艺的传承人魏立中正说,刚刚挂上去的那些画,其实严格来说有点勉强,因为它们都是复制品、印刷品。如今,基于胡正言的饾版、拱花技术上发展起来的木版水印已经超过了胡正言那时的水平。这种技术以笔、刀、刷子、靶子、国画颜料、水等材料为基础木版水印工具,以追求复原传统书画的艺术形态、笔墨、神采为目的。在原作可望不可即的情况下,让作品展现原作的笔墨韵味和"画性"。

刻板工具

工欲善其事,必先利其器,木版水印刻版工具甚多,刀具就有拳刀、平口刀、圆口刀等多种,每种平口刀、圆口刀又有不同规格。不同的线条、线条的疏密都需要不同的工具和力道。木版水印有勾(分版)、刻(制版)、印(印刷)三大基本工艺程序。往细了说,组稿、选题、分版、勾描、锯木、选版上样、雕刻、着色、印刷……大大小小数十道工序,这些工序全凭手上

功夫,无论大小,道道马虎不得,随便挑几道一说,便让人觉得充满匠人智慧、文人意趣:

勾描,照原作勾出复制所需新画稿。勾描前为保护原作,勾描时先用透明的赛璐珞版覆盖在原作上,照着勾描;复以燕皮纸覆在勾描好的赛璐珞版上再描。将描好以后的画稿,极其精细地反复检查其笔触、神韵,直至与原作几无出入。

分版,根据原作上所用的颜色,分出不同的色版。原作有几种颜色,就要分几套色版。中国画用水墨,墨色浓淡、干湿,产生变化可谓万千,至于画家用彩色颜料产生了渐变,其中精微之处,非常人目力所能及。简单的色调一般不过几十套分色版,复杂的画稿做几百套乃至上千套分色版亦不稀奇。

刻版,刻出印刷所用木版。木版水印刻版所用之材多为梨木,刻工吃透原作笔法和特征后,将燕皮纸画样粘在木板上,以拳刀为笔,将线条的顿挫、抑扬、转折刻画出来。无论何时,雕版时手都不能抖,心要定,一刀下去就是一条线,刻错一条就是废了一块版,哪怕是到了最后一条线都要重新再来。古人曾以"刀头具眼,指节灵通"来形容刻版,可谓精准恰当。

印刷,是木版水印的关键,亦为最精妙的一环。印刷者需通画理、能绘画,又需熟练操作之能,如此方能应对作品中的浓淡、干湿、用笔等一些微妙变化,复制出原作特有的艺术风格,达到乱真效果。江南夏炎冬寒,为确保水印作品的质量,印刷场内常开加湿器,高湿环境中印刷工夏日中暑、冬日冻疮便是家常便饭了。

都说如今的印刷技术已经十分发达,书画都能用油墨复制得丝毫不差,但木版水印技艺却始终无法被替代。不论采用什么先进的技术,也不论用什么纸,只要油墨印刷,就做不到木版水印的这种还原原画稿的厚度、水感以及层次感。木版水印时,水墨、色彩可以渗透纸背,传统材料的采用使得木版水印作品能够保存的时间更久远。其中所包含的人的情感和温度,让水墨画难以捕捉的神韵得以灵动再现。这就是木版水印这种非遗传统技艺还能继续传承的根源。

薪火相传,生生不息。杭州十竹斋的复兴,既是一代代木版水印人艰苦奋斗、传承创新的结果,也是当今社会进步、文化繁荣的结果。让木版水印走进千家万户,是杭州十竹斋的一个梦想,这个梦想,正在实现的路上。

(作者:文光生)

后 记

　　数千年的文明延续和"东南名郡"的繁荣富足为杭州积淀了丰厚的非物质文化遗存，星罗棋布的"老字号""老手艺""老故事""老习俗""老艺文""老市井"，更造就了杭州区别于其他历史文化名城的独有个性。在朝着"世界名城"目标大步迈进的征程中，非物质文化遗产所呈现的历史与现实交汇的独特韵味，无疑是展现杭州特色文化的一大优势资源。

　　杭州的传统手工艺伴随着城市的发展已走过几千年，行业诸多，品类繁盛，与百姓的生活息息相关，成为品质生活的一部分。由于传统手工技艺涉及面极为广泛，数量众多，全部入选本书，困难较大。如果是在杭州市范围内并产生过较大影响的项目，如蚕桑丝织、杭州铜雕、王星记扇、张小泉剪刀等，本书均有涉及、有所体现。然而由于篇幅有限，其他还有大量的传统手工技艺项目本书暂未列入，有待来日再次编撰时予以增补。

　　本书在编撰过程中，吸收借鉴了非遗名录、传承人和保护基地申报材料，以及宣传推广、对外交流等工作当中积累的成果。同时，本书也引用了一些专家、学者的相关成果。本书照片均为杭州市非物质文化遗产保护中心在日常保护当中收集的工作用图。在此，感谢省非遗专家高而颐为本书题写书名并作序，同时，对提供图片资料和帮助的单位及个人深表谢意，对参与本书编撰的各位作者、各区（县、市）非遗保护中心所付出的辛劳和心血深表感谢。

　　《净名经》中文殊师利问："何谓为喜？"维摩诘答曰："有所饶益，欢喜无悔。"又问："何谓为舍？"答曰："所作福祐，无所希望。"非物质文化遗产保护工作犹如植草于沙漠，贵在久久为功，持之以恒。在此希望并恳请大家继续关心、支持杭州的非遗保护工作，共同呵护我们的美好家园。

杭州市非物质文化遗产保护中心

2018 年 12 月 12 日